ON
EDUCATION

理想人格与
文明之路

外国名家谈教育

英国教育家
伯特兰·罗素谈教育

[英]伯特兰·罗素 —— 著
郭继麟 —— 译

辽宁人民出版社

图书在版编目（CIP）数据

理想人格与文明之路：英国教育家伯特兰·罗素谈教育 /（英）伯特兰·罗素著；郭继麟译. —沈阳：辽宁人民出版社，2023.5

（外国名家谈教育）

ISBN 978-7-205-10718-5

Ⅰ.①理… Ⅱ.①伯… ②郭… Ⅲ.①罗素（Russell, Bertrand 1872–1970）—教育思想 Ⅳ.①G40–095.61

中国国家版本馆 CIP 数据核字（2023）第 024781 号

策划人：孔宁

出版发行 辽宁人民出版社
   地址：沈阳市和平区十一纬路 25 号　邮编：110003
   电话：024-23284321（邮　购）　024-23284324（发行部）
   传真：024-23284191（发行部）　024-23284304（办公室）
   http://www.lnpph.com.cn
印　　刷：辽宁新华印务有限公司
幅面尺寸：145mm×210mm
印　　张：5.25
插　　页：8
字　　数：135千字
出版时间：2023 年 5 月第 1 版
印刷时间：2023 年 5 月第 1 次印刷
责任编辑：阎伟萍　孙　雯
装帧设计：留白文化
责任校对：吴艳杰
书　　号：ISBN 978-7-205-10718-5
定　　价：48.00元

导　言

罗素（Bertrand Russell，1872—1970），英国哲学家、数学家、逻辑学家、历史学家、教育学家、文学家，分析哲学的主要创始人之一，世界和平运动的倡导者和组织者，主要作品有《西方哲学史》《哲学问题》《心的分析》《物的分析》等。

◎罗素

罗素出身于曼摩兹郡一个贵族家庭，他的祖父约翰·罗素是著名的辉格党人，在维多利亚女王时代曾两度担任首相，父亲安伯力·罗素是一位自由主义者。由于小的时候双亲相继离世，罗素转由祖母抚养，并且一直在家庭里接受教育，所以他的童年时光颇为寂寥。不过，祖母的独立不羁和道德热情对他产生了深刻的影响，求知和冥思也为他带来了莫大的心灵慰藉。罗素1890年考入剑桥大学三一学院后，先后攻读了数学和哲学，凭借他的一系列基础性、典范性的研究工

◎罗素曾经住所，伦敦卡姆登区

作，被公认为数理逻辑和分析哲学的开创者之一，后罗素曾两度在该校任教。与此同时，罗素还是一名出色的通俗作品作者，不仅可以用浅显练达的文辞向普通读者陈述哲学观点，还对现实生活中的大众议题给予了热切的关注，并为之著书立说。

罗素以他超越专业藩篱的博大关怀赢得了世界性的声誉，1908年，罗素当选为皇家学会会员，1950年获得诺贝尔文学奖，授奖词称他为"当代理性和人道的杰出代言人之一"。1967年罗素组织了斯德哥尔摩战争罪犯审判法庭，对美国在越南的政策予以谴责。1970年，罗素在威尔士的家中去世，享年98岁。

罗素在哲学、逻辑和数学等领域成就显著，同时在教育学、社会学、政治学和文学等许多方面也都建树颇丰。罗素前后期哲学思想变化很大，早期他信奉的是新黑格尔主义，对绝对、共相的存在深信不疑，将数学视为柏拉图理念的证据。后来和摩尔一起叛离了绝对唯心主义，转向了新实在论。

在为罗素所关注的大众议题里面，教育占据了一个特别突出的位置。罗素所生活的19世纪末、20世纪初的英国，正处在一个第二次工业革命影响下兴旺而嘈杂的时代，反映到教育领域可以从两个方面来理解：一方面，从阿诺德、纽曼等教育学者那里承袭下来的绅士教育和古典人文主义教育依然是正统的代表；另一方面，斯宾塞等所倡导的科学主义教育方兴未艾。罗素明确认为要将传统的绅士教育摒弃，呼吁进行教育改革，以适应迅疾的科学发展和日益复杂的现代生活。

整体上来说，罗素和他的教师怀特海、同时代的英国教育家尼尔还有欧洲新教育运动教育家蒙台梭利等人拥有一致的立场，提倡知识的致用、人性的改善和儿童的自由。罗素的教育思想，通过一系列著作或零散、或集中地持续阐述了出来，这些著作包括《社会改造原理》（1916 年）、《自由之路》（1918 年）、《幸福之路》（1930 年）、《教育与社会秩序》（1932 年）、《民主教育》（1942 年）等，而罗素在教育方面的代表作，当数 1926 年出版的《教育与美好生活》。本书便是从罗素的这些教育著作中编选出共十五篇具有一定代表性的文章，可以令读者全面、透彻地了解这位教育家的思想。

目录
Contents

◎罗素

第一章
论教育

　　无论什么政治理论，都只有不仅适用于成年男女，还适用于儿童，才是令人满意的。大多数的理论家并没有子女，他们即使有孩子，也会小心翼翼地躲着孩子，免得自己被孩子们的喧闹嘈杂所烦扰。有一部分理论家也曾写过关于教育的著作，不过在一般情况下，在写作时，他们的心里并没有想到孩子。那些对孩子了解的教育理论家，比如幼儿园

◎罗素

的创始人和蒙台梭利教育体系的发明者，对教育最终目标，也并不是总有一个充分的认识：教育的目的，是成功地做出先进的指导。我对于孩子和教育都没有什么了解，我要是能懂得教育，就能够指出别人的著作中存在哪些缺憾了。不过如果考虑到教育也是一种政治规范，那么它就涉及要求重建社

会的某些问题，而非教育理论著作家们一般所考虑的那些事情了。接下来我所要讨论的，正是这类问题。

教育在形成性格和观念的过程中所发挥的力量是巨大的，这一点已经获得了人们广泛的共识。父母和教师的真诚信念虽然和经常讲的格言不一样，不过仍然会被孩子们在潜移默化中所接受。即使孩子在今后的日子里偏离了这些信念，它们依然会残留下来，在记忆中深埋，一旦到了紧张危急的时刻，这些信念随时都能再现出来。一般来说，教育是站在现存事物一方的最强大的力量，它对根本性的变革是反对的。社会制度即使遭遇变革所威胁，依然是强有力的，教育机器由它一家所独掌，将观念灌输进孩子们可塑的心灵当中，让他们尊重社会习俗的精华。那些主张变革的人则起而反击，力图将对手驱逐下优越的地位。不过这对战的双方，都没有将孩子的自身需要考虑进来，而不

◎罗素与其子约翰

过是将他们视为单纯的一堆物质材料，好为这支部队或那个军团补充新的兵源。如果将孩子们的需要考虑进来，教育就不应将争夺儿童当作目标，而应该注重培养孩子的能力，让他们在两边之间做出明智的选择，并以此作为教育的目标。教育应当注重对孩子的思考能力进行培养，而非让他们按照老师所想的那样去想问题。如果孩子的权利受到了我们的尊重，那么教育就再也不是一种政治武器。如果孩子的权利受到了我们的尊重，那么我们就应当将教育视为向儿童赠予知识和精神习惯，因为只有将这些东西掌握，独立的观念才能形成。然而，作为一种政治力量的教育，却在试图将习惯的形成和知识的限定纳入特定的轨道，为的是建立一套让人必须接受的观念体系。

作为两个原则，公正和自由包括了社会重建所需要的大多数内容。不过就教育来说，只有公正和自由又是远远不够的。从字面上理解，公正也就是权利平等的意思。显而易见，对于儿童来说，权利均等是不可能完全做到的。至于说自由，它首先就带有否定的性质。只要是侵犯自由的，它都会进行谴责，只要这种侵犯是可以避免的。自由并不具有什么建设性的积极主旨，但是教育却是一种根本性的建设，它需要获得构成幸福生活的某些积极概念。虽然在讲课训导的同时，教育也尽量尊重自由，并且在对实行讲课训导方法没有损害的前提下，教育所提供的自由已经远远超过了传统习惯所能容忍的程度。然而，为了让孩子掌握一些东西，某种偏离完全自由的做法就显然还是无法避免的。例外的情况，只能出现在个别智力非凡的儿童身上，他们被迫和智力一般的伙伴们相隔离。教师之所以承担着非常大的责任，是因为这样一个理由：孩子或多或少都一定要受到长者的监护，而不能完全让他们由着自己的兴趣来。在某种程度上，教育的权威作用是不容回避的。因此教育者既不得不寻求发挥权威作用的途径，而又要做到使这种权威性和自由的精神没有出现冲突。

越是不容回避权威性，就越是需要对他人予以尊重。一个人只要想做到教育有方，想让孩子成长为有才华有能力的重要人物，就一定要彻彻底底地充满尊重精神。那些提倡"机械化生产铸铁体系"的人——那些保守分子和改革者——试图将人类精神强行注入军国主义、资本主义、费边科学社，以及别的

◎罗素

所有的牢笼里面。这些人所缺少的正是尊重他人。政府部门发布的规章制度、庞大的班级、不堪重负的老师、一成不变的课程，以及一定要生产出水平一模一样的能说会道的庸才充斥在教育领域当中。凡此种种，唯独没有对孩子的尊重，这差不多成了普遍现象。对他人的尊重需要想象力和必要的热情，尤其是对于那些取得了些微实际成就和具有一定权力的人而言，尊重他人就更加需要想象力了。孩子是弱者，而且还有一点愚笨、肤浅；而教师是强者，并且无论哪个方面，都比孩子要聪明得多。因为儿童外在的弱势，那些不尊重人的教师和不尊重人的官僚，动辄瞧不起孩子。在他看来，塑造孩子就是他的责任。他在想象中把自己看成一个拿着泥土的陶器匠，于是，孩子被他捏成了某种不自然的形状。随着年龄一点点长大，这种形状会变得坚固起来，产生出紧张和精神上的愤懑，同时还会

◎ 罗素

滋生出残忍和嫉妒，而且长大以后的孩子还会认为，一定要强迫别的人也要经受同样的扭曲。

具有尊重感的人则没有觉得塑造青年人是他的责任。他认为在一切生物中间，尤其是在人类中，最重要的是在孩子里有某种神圣的东西存在，它无以限量，捉摸不定，具有某种个性，又珍贵神奇，生命的真谛由此孕育，断然的沉默体现了与世界的奋争。在孩子面前，他感到一种无以名状的自卑——这是用什么理由都无法抗拒的惭愧，但是和许多家长和教师油然而生的自信心相比，它却更接近明智。孩子们外在的无助和对于依赖的呼吁，让他由此产生了托付人的责任感。

他的想象力为他将孩子可能发生的变化展现出来：孩子或者变善，或者变恶；孩子的进取心将怎样获得发展，或者怎样遭遇挫折；孩子的希望将怎样一定变得黯然无望，生活将怎样渐渐失去生气；孩子的信任感将怎样遭遇打击，深沉阴暗的念头如何将活泼机敏的欲望取代。凡此种种，都让他渴望站在孩子一边，在儿童自己的战场上为其助上一臂之力。他将为孩子提供装备，增添力量。这并非为了国家或没有人情味的当局从局外提出的目标，而是为了孩子在茫然中的精神求索。只有感受到这一点的人，才能将教育的权威作用发挥出来，并且不会违背自由的原则。

由国家、教会，以及那些从属于它们的庞大教学单位所实行的教育，缺乏的恰恰就是尊重人的精神。教育所考虑的问题，基本从来既不是小男孩小女孩，也不是少男少女，而总是在准备用某种形式来维系现存的秩序。对个人来说，教育差不多只抱有世俗的成功观——挣钱和高升。教育向青年人所提供的观念是如此的平庸，教的无非是让人学会往上爬的技艺。除了少数十分少见的教师外，没有谁具备足够的勇气能够突破束缚他们为之工作的体制的勇气。几乎一切教育都怀有政治动机，为了在同别的集团的竞争中，让某一集团、某一国家、某一教派或是某种社会的力量得到增强。从主要方面而言，教育的主题正是由这一动机决定的，决定了什么样的知识要提供，什么样的知识要压制，学生应该获得什么样的精神习惯也就此决定。在帮助内心精神世界的成长方面，教育却几乎没有任何作为。事实上，在精神生活中，那些受教育最多的人往往已经萎缩枯败，没有任何进取之心，生机勃勃的思想早已被刻板机械的态度所取代。

教育现在能够获得的某些东西，也势必会由所有的文明国家继续获取。每个儿童都会继续在别人的教授下学会读书写字。一部分人将继续学会所需的诸如医学、法律、工程等专业知识。对于适合学习的人而言，科学和艺术所需求的高等教育是必不可少的。除了历史、宗教和别的类似的领域之外，授业讲课虽然没有明显的害处，但却算不上合适的方法。也许应该在充满自由精神的气氛中讲授课程，并且力图将授业的最终用途说明，当然很明显有许多课程都是过时的东西。不过就主要方面而言，授业讲课还是必不可少的方法，还会成为一切教育制度中的一个组成部分。

但是，正是在历史、宗教和别的长期有争议的专业领域中，授业讲课却具有十分明显的害处。这些专业和学校的利益有关，正是因为这些利益，学校才得以保存。这些利益要求保留学校，为了将某些和这类专业有关的观念灌输给学生。在任何一个国家里，讲授历史学的方式都是这样的：它对自己的国家张扬夸大，让孩子们相信他们的国家通常都是对的，也总是能够获得胜利的，几乎一切伟大的人物都是由这个国家造就的，无论在什么方面，这个国家都远远超过了其他所有的国家。因为这些信念听起来让人感到十分舒服，因此很容易被人们所接受，以至以后学到的知识也不能将这些信念从人们的直觉中排除。

这里可以举一个简单甚至是琐细的例子：关于滑铁卢战役，人们已经知道了很多极为具体的情节和精微之处。但是，在英国、法国和德国，初等学校所讲授的内容却有极大的差别。一般英国男孩会以为在这个战役中，普鲁士人没有发挥任何作用；而一般的德国男孩则以为，当普鲁士元帅布吕歇尔的英勇军队掉头前往救援的时候，英国元帅惠灵顿已经打了一场彻底的败仗。如果在这两个国家中，将滑铁卢战役的情况准确地讲授出来，民族自豪感就不会发展到这个程度，没有哪个国家会认为在战役中自己一方一定会取得胜利，好战的欲念也就渐渐消失了。但是，人们要阻止的正是这种结果的发生。每个国家都希望宣扬民族自豪感，并且对此都有清楚的意识，依靠不偏不倚的历史学，是成就不了民族自豪感的。人们用曲解、强制和暗示的手法，教育着缺乏抵御能力的孩子。所以，在很多国家中传授的历史观念都是错误的。这样的观念鼓励人们争凶斗狠，并且为维护执迷不悟的民族主义活力而服务。如果人们想要有一种良好的国际关系产生，那么首先就是要成立一个国际委员会，将一切教授历史学的任务都交给它。这个委员会要编写客观中立的教科书，而不受现在四处为人们寻求的爱国主义偏见所影响。

　　准确地讲，宗教也是同样的情况。通常都是这样的情况，初等学校要么被控制在某些教会手里，要么被倾向于某种宗教的国家所掌握。宗教团体的存在是因为这样的事实：教会的成员都对某种事物抱有确定的信念，而事实上对于这种事物，还没有一个看得清的真理存在。教会学校不得不控制那些天性好问的孩子，就是为了不让他们发现：这种确定的信仰，原来还是有人在反对的，而这些反对者又并不是没有理智的。另外，还有许多具有判断力的人觉得，支持任何一种确定的信仰，都没有什么有力的凭据。在诸如法国这样的军事化的非宗教国家中，国立学校和被宗教控制的学校，是可以独断专行的。（据我所了解，在法国的小学里，绝对不许提到"上帝"。）所有这些情况导致了一个同样的结果，求知询问的自由被人为地阻止了。在世界上最重要的问题面前，孩子们所能获得的，要么是教条，要么是冷酷的沉默。

　　这样的恶行，不仅在初等教育中有，在高等教育中同样有，不过是以更微妙的形式存在着。人们试图掩盖恶行，但是邪恶依然故我。伊顿和牛津都有十分清楚的目的性，不过它们没公开讲出来的目的性却同样强大而有效。这两所大学差不多所有的学生，都产生了对"礼仪"的崇拜。这种"礼仪"和中世纪的宗教一样，对于生活和思想而言，是一种毁坏。"礼仪"能够和外表虚心开朗、兼听各方意见、温文尔雅地对待敌手等和谐共存，但是它却无法容忍本质上的虚心谦怀，也绝对不允许从内心深处对他人的意见表示尊重。礼仪的本质，是认为某种行为方式具有非常重要的意义。在同一档次的人中间，这种行为方式能够起到减缓冲突的作用，但是对于等而下之的人而言，它却微妙地留下一种印象：下等人自身真的是非常粗野残忍。在以势取人的民主制度下，作为维护富人特权的政治武器，礼仪具有十分卓越的作用。对于那些虽然有钱但是没有强烈信仰和非凡追求的人来说，礼仪是造就和谐社会环境的一种措施，所以它有一定的益处。然而从别的方面来看，礼仪是令人讨厌的。

礼仪的害处来源于两个方面：其一，它对自身的正确性绝对相信；其二，在它看来，和智能、艺术创造力、活力，以及世间别的推动事物发展的动力相比，正确的风度是人们所更需要的。但是，一个人要是绝对的自信，那么这种自信本身就足以将一切精神上的发展毁灭。伟大的精神力量差不多一定会伴之以生硬的姿态和令人尴尬的举止。所以，当礼仪对生硬和令人尴尬的模样投以轻蔑时，它就会成为一股破坏力，可以将一切和"礼仪"相联的人们毁灭。礼仪本身是僵死的，是一成不变的，所以，礼仪就会用它的举止，将僵死的气息传播给那些不具有"礼仪"的人，让很多原本生机勃勃的人也变得僵化起来。

只要教育是为了制造信仰，而不是鼓励思考，是逼着青年对于可疑之事抱定无疑之见，而不是放手让他们对可疑之处进行观察，鼓励他们得出自己的独立见解，那么，禁止求知探索的自由就是不可避免的事情。教育不应当认定某些特殊的信条就是真理，而应当培育追求真理的希望。但是，正是信条将人们团结在战斗的集体（国家、政党、宗教）周围。战斗力正是从信条中凝聚的信仰中产生，让胜利为那些对可疑之事抱定最坚定信念的人所有。但是事实是，对可疑之事产生疑问，才是理性的态度。为了让信仰的凝聚力和战斗力得到增强，就扭曲了孩子的天性，束缚了他们自由发展的前景；人们培育的是禁锢之心，它成为阻止新思想成长的障碍物。对于那些思想不怎么活跃的人而言，随之而来的后果，就是让偏见占有了无限的力量；但对于那些极少数的、无法扼杀其全部思想的人来说，他们则会变得看破红尘，精神绝望，冷嘲热讽，将一切都否定了；他们可以将所有富有生机的事物都视作蠢物，但是却无法提供创造的活力，而他们自己则将其他事物的活力给毁灭了。

靠着压制思想自由所打赢的胜仗，是短暂且没有什么价值的成功。从长远的角度看，无论要在战斗中取得胜利，还是要在生活中过上好日子，都有一点十分重要，那就是要有精神活力。将教育视为一种训练方法，一种利用奴役而产生高度一致性的手段，这样的事情十分常见。人们之所以为这种方法辩护，主要是因为它能够带来战争的胜利。那些喜欢以史为鉴的人都喜欢引用斯巴达打败雅典的故事，以此来证明他们的观点是正确的。然而，有力量征服人类思想和想象力的却不是斯巴达，而是雅典。我们中的任何人，如果可以再生于业已流逝的历史重要时期，那我们都不会愿意做斯巴达人，而愿意做雅典人。在现在的世界，实际工作需要这样多的智力，以至于要想在对外战争中获得胜利，主要靠的是智慧，而不是听命驯服。那些教人轻信的教育很快就会导致精神上的霉变；而唯有保持精神的活力，自由地去探索去求知，才可能取得必不可少的些微进步。

从事教育的人一般灌输的精神习惯都是这样的：服从和纪律，为了获得世俗的成功，而要进行残酷无情的争斗，对反对派要蔑视，毫无疑问地轻信，热情地接受教师的聪明。一切这些习惯都是和活力相对立的。实际上，独立性和进取心，而不是服从和纪律，才是我们应该保持的。教育力图发展的绝非残酷无情，而应该是思想的公正性。它应该灌输的是尊敬的意识，和努力地去理解他人，而非轻蔑；对于别人的见解，不应该是无可奈何地默认，而是应该看到正是这种对立的见解具有能够理解的想象力，所以可以清楚地说明为什么对立的缘由。它所要达到的目标并非轻信，而是将具有建设意义的怀疑之心激发出来，热爱精神世界的发展，从本质上认识到要想征服世界，需要靠大胆无畏的进取思想。由于漠不关心心灵的需求，人们就会安于现状，就会让个体的学生依附于政治的目的。这些就是邪恶产生的直接原因。不过在这些原因的背后，还有一个因素是更根本的，那就是在人们眼中，教育不过是一种手段，一种向学生施以权力的手段，而没有将其视为一项培育学生成长的措施。正是因为这个，缺乏尊重感的现象才会显露出来；而只有凭借更多的尊重感，根本性的改革才能取得进展。

　　只要还得维持课堂秩序，只要还要讲授某些课程，服从和纪律就好像是必不可少的。在某种程度上说，这是对的；不过在某些人的眼中，这样的程度又是远远不够的。他们觉得，服从和纪律本身就很有价值，也很有吸引力。所谓服从，就是让个人的意愿服从外部的指令。所以，服从即权威的对应物。倔强的孩子、精神病患者还有罪犯没准需要权威，应当强迫他们服从也是应该的。即使在一定的范围内，这样做是有必要的，但是这终究是一种不幸。选择目标的自由才是我们所追求的，这种自由不应该受到影响。教育改革家已经证实，采用这种自由的方法是有望获得成功的，其可能性已经大大超出了我们的前辈所认为的那样。

　　庞大的班级，还有因为经济窘迫导致的教师工作负担过重，是导致学校一定要求服从的原因。活灵活现地讲课需要的精力有多么大，对于没有教学经验的人而言，是根本无法想象的。在他们眼中，教师的工作和银行出纳员差不多，让他干很多个钟头的活儿非常的合理。这样做的后果就是导致了极度的疲乏，还有易怒的神经，教师只能被迫机械地应付着日常的工作。就这样，不强行让学生服从，机械性的工作就进行不下去。如果我们对教育严肃地看待，就像为了取得一场战争的胜利那样，将保持孩子心灵的活力当成一件十分重要的事情来认识，那么我们从事教育工作，就会以完全不同的方式。我们将会坚定不移地朝目的而努力，即便将要在经济上付出成百上千倍的代价也在所不惜。对于大部分的人来说，教学量少一点，才会让人感到愉快，才能让从教的人员感到神清气爽，从而让学生们即使没有纪律的约束也乐于学习。对于极少数的还是对学习提不起一点兴趣的学生，则不妨采用隔离施教的办法，另选不一样的课程。教师从事教学工作应当量力而行，要能够差不多每天都能愉快地工作，并对学生的精神需求有所了解。随之而来的结果是，师生之间的敌意将会被友谊所取代。大部分学生将会意识到，教育可以为改善他们的生活提供服务，而不是仅仅作为外部的强制力量，耽误了他们玩耍，非得要他们一动不动地坐在那里好几个小时。为了实现上述的目标，就要花费非常大的经济开支，以此保证教师享有充分的闲暇时间，并让他们从心底里对教育工作是热爱的。

学校里的那种纪律大多数都是一种恶行。然而对于取得任何成就，有一种纪律却都是必不可少的。那些反对用传统方法简单地从外部实行纪律的人，可能还无法充分地评价后一种纪律。理想的纪律，是属于这样的一种类型的，它来自于人们的内心；作为一种毅力，它执着地对遥远的目标进行追求，在前行的征途之上饱经磨难。它要求用意志力去控制冲动，并且导致一种指导力量，即凭借具有创造力的追求来指导行动，即便当这种追求还不是那么生动清晰的时候，也还是这样。如果没有具备这一点，苦苦追求的雄心（不管这雄心是好的还是坏的）就无法实现，始终如一的目标就无法压倒别的力量。这种类型的纪律是十分有必要的。但是，它只能产生于一种强烈的愿望——对于达到暂时还不能企及的目标的愿望。教育只有培养这种愿望，才可以产生有益的纪律。然而目前的教育基本上都没有做到这一点。这种纪律并非来自外部的权威，而是来自人的内心。大部分学校所要求的纪律都不是这种类型的，但是在我看来，正是这种纪律才是与恶行无缘的。

初等教育所主张的纪律会带来被动的服从，所以也就为人们所讨厌。另外，现有的教育并不鼓励自我指导式的良好纪律。尽管这样，某种纯粹的精神纪律还是会产生于传统的高等教育下。我所讲的这种纪律，可以让人随意地将思考力集中于在他看来有必要考虑的事情上，而不管之前占据了他思维的是什么东西，也不管摆在他面前的有什么烦人之事或思维上的难点。即使这种素质并没有什么重要的内在精华，然而却能够作为一种工具，让思维效率得到极大的提高。正是这种素质让律师能够对某项专利法案中的科学细节无比精通，而一旦做出判决后，那些琐细的科学问题就会被他抛诸脑后。这种素质同样能够让家仆快速地、一件件地处理很多不一样的行政问题，还让人们可以在办公时间将私事忘却。在复杂的世界上，这种素质对于那些从事需要精力集中工作的人来说，是一种必不可少的能力。

培养精神纪律上的成功，是传统高等教育的主要优点。如果没有采用强迫或说服的方法让人集中精力从事某些工作，我会担心是否能够产生精神纪律。正是因为这个，我觉得，一旦过了儿童期，像蒙台梭利夫人那样的教育方法也就不再适用了。蒙氏方法的本质，是为就业提供一种选择。各种各样的职业中，总有一种会让大部分的孩子感兴趣，但就所有的职业来说，则一定要用指导的方法传授给他们。和做游戏时一样，儿童的注意力是会稍纵即逝的。假如兴之所至，孩子就会在娱乐中学会知识；但是如果孩子没有产生意愿，那就一点知识都不会学到的。我确信，最佳的教育儿童的方法是：实际结果表明如果不采用这种方法，那就没法可想。不过，怎么样根据意愿让这种方法可以导致对注意力的控制呢？这却是一个非常棘手的问题了。有很多事情肯定是让人无法提起兴趣的，即使那些起初能让人感兴趣的事情，只要人们没有对它们的必要性进行充分的考虑，也往往会变得索然无味。保持长时间注意力的能力是特别重要的。如果没有从最初就凭借外界的压力来对这种习惯进行培养，那么人们想广泛地获得这一能力就很难了。的确，有很少一部分孩子具有极强的求知欲望，他们会自觉自愿地主动学习所有的必修科目。但是对于其他孩子而言，不管是哪一门功课，想让他们认真地学习，都不得不凭借外部的诱导。在那些从事教育改革的人士中间存在一种恐惧感，他们害怕付出很大的努力；另外，在世界的范围内，存在着一种不耐烦的情绪，还在普遍地滋长着。这两种倾向既有其好的一面，也有危险的一面。只要可以有力地将孩子的学习兴趣和成功欲望激发出来，那么，不凭借外界的强迫，而是采用劝说引导的方法，也能够维系受到威胁的精神纪律。一位好的教师，应该具备在任何一个具有足够智力的孩子身上做到这一点的能力。对于所有别的孩子来说，现在那种纯粹书呆子式的教育却一定不会是最好的方法。只要对精神纪律的重要性有所意识，只要精神纪律是能够培养的，那么我们就有凭借呼吁学生提高自我需求意识的方法，来对他们的精神纪律进行培养的可能。然而，只要我们没有要求教师成功地掌握这种方法，他们就随时会堕落得又懒又笨，犯错误的明明是他们自己，却会反过来批评学生。

只要继续维持现有的社会经济制度不变，学校就会教育学生了解经济角逐中的残酷性，这几乎是不可避免的。在中产阶级的学校中，这一点一定会表现得特别突出。因为这些学校的数量，由学生家长的评价如何决定，为了让家长们给好评，学校就会利用广告的手法来宣传张扬学生们的成功之道。这种方法是有害的，是在国家竞争性机构的众多有害性的一个表现。在孩子中，自发且无偏见的求知欲望是十分常见的现象。另外，唤醒具有这一潜在倾向的人也是比较容易的，他们进而会用自发、无偏见的态度对待学习。然而，这种现象却被那些心里只有考试、毕业证书和学位的教师残酷地制止住了。对于那些拥有较强能力的孩子而言，从他们跨入学校的那一刻起，一直到从大学离开，他们都没有思考的时间，也无暇耽迷于智力的趣味。自始至终，任何别的东西都没有，有的只是一连串的考试和背书，好像苦役一般。最后，即便是最聪明的孩子对学习也腻味了，只盼着将功课统统忘掉，尽快逃进实际生活里。但是，实际生活中也和之前一样，他们又被经济机器关入牢笼，他们所有的自发兴趣又遭遇了挫折，在现实中碰得鼻青脸肿。

考试制度还有训导授课（它是培养大活人的主要手段），让孩子们从纯粹功利的观点出发，将知识视为赚钱的门路，而非通往智慧的大门。如果这只对根本没有智力兴趣的人起作用，那倒也无所谓了。然而十分不幸的是，那些智力兴趣极强的人也受到了它的影响，因为正是在后面这种人的身上，考试施加了极为严酷的压力。教育对于这种人最明显的表现为成为人上人的手段。对于别的所有的人来说，教育在某种程度上也是这样的。不平等的社会荣誉感和残酷性对教育有着无所不在的影响。只要是不带偏见地、自由地去考虑一下，尽管即使在乌托邦这样的国家中也可能继续有不平等的现象存在，不过现实生活中的不平等毕竟是同公正性相矛盾的。但是，我们的教育制度却在施教者的全力鼓动下，企图对每个学生都隐瞒这一点，当然，这一点在失败的学生身上是瞒不住的，因为只有那些取得了成功的学生才可以凭借着不平等走上致富之路。

大部分的男孩女孩都很容易被动地接受教师的智慧，因为这样做并不需要付出独立思考的努力。这样做好像是合理的，因为教师知道的通常都比学生多，而且这样做，也更能讨得老师的欢喜，除非他的老师是个十分古怪的家伙。但是在学生将来的生活当中，被动地接受这个习惯却是十分危险的。因为，它会让人总愿意去请示上司，而且无论坐在领导岗位上的是谁，他都乐于接受。这样的做法就等于将权力赋予了教会、政府、政党决策机构以及别的所有的组织。但是这些集团却把平庸的人们引向歧途，让他们支持旧制度，而这些旧制度是危害民族和平民自身的。假如教育可以全力促成人们学会独立思考，虽然这样的思考方式可能也不会十分的普及，但是总会比目前普遍得多。如果教育是为了帮助学生进行思考，而不是让他们被动地接受某种定论，那么教育就会以完全不同的另一种方式进行了，即重复性的授课训导将会大幅度减少，讨论和鼓励学生表达个人意见的机会将会大大地增加，人们将力图让教育对学生所感兴趣的那些问题表示关注。

最为重要的是，需要做出努力将对精神发展的热爱唤醒、激发起来。我们所生活的这个世界真的是非常丰富多彩，令人惊叹。某些看起来十分平淡的事情，越思索，可能就越会变得无法理解；而其他的一些事情，想起来真的是不可思议，然而在天才和勤奋的人那里却是坦露无遗。思想的伟力能够统治辽阔的土地，不过在更加广袤的领土之上，它则只能隐隐约约地显示出想象的图景。只有让心灵摆脱物质浮华的日常束缚，只有避开索然无味的琐碎公务，思想的伟力才会降赐于人，生命才会处处充满着盎然的趣味，平庸世界的大墙才会轰然崩塌。这样，诱导人类对南极进行探险的同样爱好，诱引人们奔赴战场以图一试膂力的同等热情，就会为创造性的思想取而代之。人类的热情将会从这种思想中得到宣泄。它既不会将人类的情感浪费，也不会用冷酷来取代爱心。相反的是，人类的精神将会在未知领域里掬起一捧金辉，洒落在生命的肉体之上，让生活闪烁出耀眼的光芒，进而提高人类的尊严。或多或少把这份欢愉带给一切具备独立思考能力的人，这可是可贵的精神教育的最高宗旨。

有人可能会说，精神探索的欢愉一定是极为罕见之物，几乎不会有谁会赞赏它，普通的教育不可能将如此精神贵族化的东西看作值得重视的尤物。不过我却不这样想。和成年男女相比，精神探索的欢乐在孩子中间远远称不上罕见。在寻求信仰和易于幻想的童年，孩子们会自然而然地生发出探索精神的欢乐，这是十分常见的事。随着岁月的推移，这种欢愉越来越少见，那是因为精神探索的欢乐为教育所扼杀。在这个世界上，人类对于思想的恐惧，远远超过了对其他任何事物的恐惧——包括对毁灭，甚至对死亡的恐惧在内。思想意味着颠覆和革命，还意味着破坏和恐怖；对于特权、传统的社会势力以及养尊处优的习惯而言，思想是十分残酷无情的；无法无天、独往独来的思想漠然冷视着权威，即便是受过良好教育的聪明长者，它的态度也是不屑一顾。思想深入地狱的巢穴中窥视，并且丝毫没有恐惧之感。在它的眼睛里，人类无非是一粒虚弱的沙尘，身陷在冷寂的万丈深渊当中。但是，思想却可以骄傲地独自承受一切，好像它就是万物之主，竟自岿然不动。伟大、敏捷、自由的思想，你是全世界最高的灯塔，是全人类最高的荣耀。

如果思想为很多的人逐渐拥有，而再也不是极少数人的特权，那么我们就再不会害怕。让人类踌躇不前的正是恐惧——他们对心中的信仰害怕，是担心信仰会被证明不过是一种妄想；他们对人类生活于其间的社会制度害怕，是担心社会制度会被证明竟然是一种具有危害的力量；他们对他们自己害怕，是担心自己会被证明，并没有像所期望的那样值得尊敬。"可以让劳工自由地思考财富吗，那会把我们富人置于何地？可以让少男少女自由地思考性欲吗，那会让道德变成何物？可以让士兵自由地思想战争吗，那会让军纪成何体统？让思想滚开吧！重返偏见的阴影下吧，免得我们的财富、道德、战争都遭到威胁！宁可让人类变得懒惰、愚蠢、压抑，也不能让他们的思想获得自由。因为思想一旦得到了解放，他们就可能再也不会按照我们的意愿行事。所以，我们要不惜一切代价，也要避免这一灾难发生。"这就是那些敌视思想的人，在他们下意识的灵魂深处做出的论辩，同样也是他们在他们的教会、中学和高等学府里所做出的反应。

被恐惧所左右的社会制度，是不可能让生活得到改善的。希望，而非恐惧，才是人类生活中具有创造力的因素。所有造就了人类伟力的事物，都是在对善行的竭力维护中产生的，而非对所谓恶行的拼死躲避。正因为现在的教育几乎没有得到宏图大略的激励，因此它也就基本不能取得伟大的成就。那些为人师表者的心灵为这样一个念头所统治着：宁可维护传统，也不想创造未来。教育不应该将被动地了解死去的事实作为宗旨，而应该将目标放在行动上。原因是这种行动和我们努力创造的世界是相一致的。在古希腊和文艺复兴的奇葩凋零之后，教育不应该被怀旧的留恋所激励，而应当为未来社会所呈现的耀眼景象所欢欣鼓舞，应该被思想在将来取得的胜利所推动，还应该为人类探究宇宙的空前绝后的开阔视野所振奋。为这种精神所熏陶的人们，将会饱含活力、希望以及欢乐。他们有担负起自己的责任的能力，为人类开辟一个辉煌的未来。在新的时代里，忧郁将会减少，未来对人类奋力创造的荣誉饱含信心。

第二章
教育的目的

在考虑如何施教之前，最好要先将我们想要取得什么样的结果搞清楚。阿诺德博士要的是"谦卑之心"，亚里士多德所说的"慷慨之士"则没有具备这种品质。尼采的理想是非基督教式的，康德也是这样：基督要求仁爱，康德却教导说任何以爱为动机的行为，都不可能做到真正的有德。即便人们在良好品性的构成要素上看法差不多，可能又会对这些要素的相对重要性产生分歧。有的人青睐勇敢，有的人注重学问，有的人崇尚仁慈，有的人珍视正直。像老布鲁图斯这类人，会把国家义务置于家庭情感之上；像孔子这样的人，则将家庭情感摆在最重要的位置。一切这些分歧都会在教育上产生差异。我们一定要先对所要培养的人才类型有某种概念，才可以对我们认为最好的教育做到心中有数。

当然，难免会有一些比较愚蠢的教育者，他们的教学成果和既定目标背道而驰。总体上来说，那些最能干的教育家还是十分成功的，比如中国的士大夫、现代的日本人、耶稣会士、阿诺德博士还有美国公立学校教育方针的指导者们。所有这些人用他们自己的不同方式都取得了不小的成就。不一样的例子中所定的目标完全不一样，不过差不多都达到了预期结果。在尝试确定我们应该以什么作为教育目的之前，对这些不同体制略作探讨或许是有必要的。

中国的传统教育在有些方面和鼎盛时期雅典的教育十分相像。雅典男童需要能够将《荷马史诗》一字不落地背诵下来，中国男童也差不多，要能够将儒家经典烂熟于心。雅典人学到了这样的敬神方式：由外部仪式组成，并且不会为知识思考设置障碍。同样，中国人掌握了关于祖先崇拜的特定礼仪，但是绝不意味着一定要接受那些礼仪所暗含的信仰。温文尔雅的怀疑主义是有识之士应该有的态度：凡事都能够进行讨论，然而贸然就下结论的做法是无法登大雅之堂的。各种观点应该是能够让人在用餐时心平气和交流的东西，而不是供人斗嘴的。卡莱尔说柏拉图是"一位高贵的雅典绅士，至死也依然保持神定气闲"。这种"至死依然神定气闲"的风范，在中国圣贤身上也可以看到，不过一般难以在基督教文明所产生的圣贤身上觅其踪影，除非像歌德那样深受希腊精神影响的人。雅典人和中国人一样，都愿意享受人生的快乐，而且都拥有一种因细腻美感而得到升华的享乐观。

不过这两种文明也有巨大的差异，这些差异的源头是这样一个事实：整体来说，希腊人精力十分充沛，而中国人比较慵懒散漫。希腊人将他们的精力投入到了艺术、科学和战争，并在这些方面都取得了巨大的成就。希腊人将自己的精力实际地转化成为政治抱负和爱国精神：当一位政治家被推翻了，他会带着一批亡命徒去进攻自己的家乡城市。而如果是一名中国官员被皇上贬黜了，则会退隐山林，写几首田园诗，聊以自娱。于是，希腊文明毁于自己的手，而中国文明只能是被外敌灭亡。不过，这些差异好像也不能完全说是教育的原因，因为儒教在日本从来没有产生这种作为中国士大夫特色的闲适和文雅的怀疑论，只有京都贵族是个例外。

中国的教育造就安定和艺术，却没有能够孕育进步或科学。这可能是怀疑论顺理成章的结果。炽热的信念所能够带来的，要么是灾难，要么是进步，但一定不会是安定。即使在攻击传统信念时，科学也依然坚持自己的信念，在一种文人怀疑论的氛围里，它想昌盛起来很难。在一个被各种现代发明所统一的好斗的世界里，活力是民族自保所必不可少的。而且没有科学，民主也是不可能的：中国文明只为少数有教育经历的人所享有，希腊文明则是以奴隶制为基础的。因此，中国的传统教育并不适合现代的社会。某些方面和中国士大夫相似的18世纪那些十分有教养的绅士，也因为同样的原因而销声匿迹了。

一切大国都有一个突出的倾向，那就是将国家强盛作为教育的至高目的，现代日本就是这方面最典型的例子。日本教育是为了培养这样的公民：既充满为国家献身的热情，又通过学习知识，成为国家的栋梁。对日本为了实现这种双重目的所采用的手段，我是无法加以赞赏的。从佩里将军的舰队到日本以来，日本人陷入了难以自保的困难处境；除非我们觉得自保本身是有罪的，日本人在这方面获得的成功证明他们的方法是有效的。然而他们的教育方法只有在绝境中才具有正当性，无论是哪个没有处于紧迫危险中的民族，使用这些方法都应该遭到谴责。即便是大学教授都绝不能提出非议的神道教，它里面包含的历史和《创世记》一样十分值得怀疑；在日本的神学专制那里，达顿审判不值一提。同样命运的还有伦理专制：民族主义、孝道、天皇崇拜等，都是容不得一点质疑的，以致很多方面的进步都基本是不可能的。这种刚性体制的最大危险在于导致革命，因为革命是它获得进步的唯一途径。这种危险虽然不是近在眼前，却是真实存在的，并且在很大程度上，是由教育体制所引发的。

由此我们看到，现代日本的弊病和古代中国的弊病正好完全相反。中国的文人雅士过于怀疑和懒散，而日本教育的产物又显得过于独断和奋发。遵从怀疑主义和遵从教条主义这两者都不是教育应有的结果。教育应该产生这样的信念：虽然面临很多困难，知识在一定程度上是能够获得的；在任何一个时代，被视为知识的东西都或多或少存在一定错误的地方，通过谨慎和勤勉，能够将这些错误纠正。

当我们按照信念而采取行动，应该警惕因为小过而铸成大错；即便这样，我们的行动还是一定要以信念为基础。要想达到这种心态很难：它需要非常高的理智修养，并且情感不应该衰萎。不过，虽然很难，但是不是不能。事实上这就是科学心态应有的样子。和别的美好事物一样，获取知识固然非常困难，但是并不是不可能的；教条主义者将困难忘记，而怀疑主义者否认了可能。两者都不是正确的，一旦他们的谬误蔓延开来，就会为社会带来祸患。

耶稣会士犯了现代日本人犯过的错误，即使教育对某种机构的利益表示服从——在他们这个例子里，某种机构是天主教会。他们主要关心的并非学生的个人利益，而是让学生成为用来谋取教会利益的工具。如果我们接受了他们的神学信仰，就无从指责他们：从地狱中拯救灵魂比任何单纯尘世间的利害得失都重要，而且要想实现，只能通过天主教会。但那些没有接受这种教义的人，会根据结果来对耶稣会士的教育进行评判。的确，在有的时候，这些结果就像培养出乌利亚·希普那样是事与愿违的：伏尔泰就在耶稣会士的教育方式下接受过教育。不过总体来说，耶稣会士长久以来还是得偿所愿的：反宗教改革运动还有法国新教的瓦解，多半应该归因于耶稣会士的努力。为了实现这些目的，他们让道德趋于放纵，让思想流于肤浅，让艺术偏于感伤，最终竟然需要法国大革命来将他们造成的祸害扫荡清除。在教育上，他们的罪过在于教育的动机是出于一个不可告人的目的，而非出于对学生的爱。

现在还在英国公学中实行的阿诺德博士的体制，还存在另一个缺陷，也就是它是贵族式的。这个体制的目标是培养位高权重的人，不管是在国内，还是在帝国的海外领地。贵族要想一直存续下去，离不开那些特定的美德，这些美德将由学校传授给他。这样一番教育造就的学生应当是身强体健、信念坚定、正直诚实、精力充沛、不畏艰险，并且胸怀大志的。这些目的的实现程度之高令人惊叹，但是没有理智，理智被消灭了，因为理智会产生怀疑。被消灭的还有同情，因为同情不利于统治那些"劣等"的种族或阶级。抑制想象，以求坚定不移。泯灭仁慈，以求刚毅不屈，如果世道不变，这可能能够得到一种斯巴达式的、瑕瑜互见的恒久贵族制。然而现在贵族制已经过时了，即便是最英明贤德的统治者，也无法获得他治下民众的俯首顺从。就这样，统治者趋于使用暴政，而暴政又进一步地激起了反叛。现代世界的错综复杂，对理智的要求越来越高，而阿诺德博士却要了"美德"而将理智消灭。滑铁卢战役可能是伊顿公学操场上的胜利，大英帝国却会在那里遭遇失败。现代世界需要各种不一样类型的人才。他们具有更多富于想象的同情心，更充满理智的灵活性，更多地服膺技术知识，而不是匹夫之勇。未来的执政者一定会是自由公民的仆人，而不是由万民所景仰的仁主。英国高等教育所包含的贵族传统即是其祸根所在。可能这一传统会被渐渐地清除，可能老牌的教育机构将对新的环境无法适应。关于这些，我就不再妄加评论了。

美国的公立学校成功地完成了一项前人从来没有大规模尝试过的事业：将各色人等转化为一个统一的民族。这件事做得如此巧妙，在总体上来说，又是如此有益的工作，对完成它的人给予高度赞赏是理所应当的。不过美国和日本一样，是处在一种特殊情形里面的，而在特殊环境里面正当合理的事情，未必是放诸四海而皆准的。美国确实存在某些优势，也存在某些困境。美国的优势包括：财富水平高，没有战败的风险，相对地没有受到源于中世纪的传统的束缚。移民们在美国所看到的，是随处可见的民主气氛，还有十分先进的工业技术。我认为，正是因为这两个主要原因，差不多所有的移民对美国的颂扬，都远远多于对他们自己祖国的赞美。不过现实中的移民一般都怀着双重的爱国之心：面对欧洲的纷争，他们还是热烈地支持自己的祖国。而他们的子女正相反，对自己父母的祖国已经没有任何忠诚可言，已经成为纯粹的美国人。父母们之所以是这种态度，要归因于一般的美国价值，而他们子女们的态度，主要由他们在学校所接受教育所决定。我们这里只关注一下学校的贡献。

真正的美国价值是学校教育所依赖的，就此来说，美国的爱国主义教育不用和虚假标准的灌输结合在一起。但是，在旧世界胜过新世界的地方，灌输对真正优点的蔑视就变得十分有必要了。总体上来说，西欧的知识水准和东欧的艺术水准都要高于美国。除了西班牙和葡萄牙，在神学迷信方面，西欧诸国要比美国少。几乎所有欧洲国家中的个人，都不像在美国那样遭受群体的宰制，甚至个人的政治自由越少，他的心灵自由就越大。美国公立学校的做法在这些方面是有害的。当进行一种排他的美国爱国主义教育时，损害就是无法避免的了。跟日本人和耶稣会士的情况类似，这种损害的来源是把学生作为一种实现某一目的的手段，而非目的本身。教师对学生的爱应当超过对国家教会的爱，如果做不到这一点，他就算不上一个称职的教师。

当我说学生应该被当作目的而不是手段时，可能会有人这样反驳我：人之作为手段，终究要比作为目的更为重要。作为目的的人，随着他的死去而消亡，他作为手段所得到的东西却是永远都不会泯灭的。我们不能将这一点否认，然而我们可以拒斥由此推出的结论。一个人作为手段的重要性能够在好的方面体现出来，也能够在坏的方面体现出来；而人类行为的长远影响是非常的不确定的，以至于明智的人往往会在其谋划中将其忽略。泛泛地说，善有善果，恶有恶报。当然，这并非一条亘古不变的自然法则。一个坏人也许会将一个暴君杀掉，因为他犯下了罪行，犯下了暴君所要惩治的罪行；虽然他本人还有他的行为是坏的，但是他行为的结果却也许是好的。尽管这样，作为普遍的定律，由本性美好的男女组成的社群的影响，要比由愚昧和歹毒之徒组成的社群更好。

即便将这些抛开不谈，儿童还有年轻人，也能够本能地觉察出来那些真正希望他们好的人，和只是将他们当某项计划胚子的人之间的差别。如果教师没有什么爱心，那么学生的品性和智力都不会获得自由或良好的发展；而以孩子为目的的感受，才是这种爱心的根本所在。对于自己我们都有这种感受：我们渴望美好的东西归诸自己，这用不着先去证明我们得到它们能够促进某个伟大目标。任何一个具有通常的慈爱之心的家长，对于他们的孩子也都会有完全一样的感受。父母都盼着自己的孩子能够茁壮成长、成绩优异，等等，这些和盼着他们自己得到的某些东西是完全一致的；当他们操心这些事时，不会计较自我牺牲，也和抽象的公平原则没有关系。父母的这种本能并不总是仅限于对待自己的孩子。推而广之，它一定存在于任何一个能够成为小孩子的优秀教师的人身上。随着孩子年龄的增长，这种本能的重要性在逐渐减弱。但是只有具备它的人，才能够将拟定教育方案的重任担当起来。那些觉得教育男子是为了培养丧心病狂的刽子手和炮灰的人，显然不具备这种博大的父母之情，但是这种人把持了一切文明国家的教育，只有丹麦和中国是个例外。

然而，教育者只是关爱年轻人还远远不够，他一定要对什么是人类的优点有正确的看法。猫不只是教它的幼崽捉老鼠，还教它们怎么样耍弄老鼠；军国主义者对待年轻人也是如此。猫爱它的幼崽，但不爱老鼠；军国主义者可能也爱自己的儿子，但不爱本国敌人的儿子。甚至那些博爱全人类的人，也会由于对美好生活的错误观念而出现错误。所以，在进行下一步的讨论之前，我先试着谈一下，我眼中的男性和女性的优点，暂时并不涉及它们的实际可行性还有教育方法。这样的论述对我们在后面考虑教育的细节是有帮助的，到那时我们就明白自己所希望的前进方向了。

首先，我们一定要做出一个区分：有些品质，只对一部分人来说是可取的，而另一些品质，对所有的人来说都是可取的。我们需要艺术家，也需要科学家；我们需要出色的官员，也需要庄稼汉、磨坊主还有面包师。能让人在某个方面成为大家的品质，往往不宜人人有之。雪莱如此描述诗人的日常工作：

> 他从清晨一直到黄昏，
> 尽望着湖面倒映的阳光将花蕊上黄色的蜜蜂照
> 亮，不管，也不看，他们是什么。

这样的习惯在诗人身上是值得称道的，但是在其他人身上，比如邮差身上就不足取了。所以，我们是无法从赋予每个人诗人气质的角度来构建我们的教育的。有一些品性是普遍可取的，在这里，我只谈一下这些品性。

我不会在男性优点和女性优点之间做什么区分。对于那些将要照顾婴儿的女性而言，进行一定的专门训练是有利的，但是这方面涉及的男女之别，就和农夫和磨坊主之间的差异很像。这种差异无关紧要，现在没有讨论的必要。

我认为，下面的这四种品性共同构成了理想人格的基础：活力、勇敢、敏锐还有理智。我的意思并非具备了这些品性就完满无缺了，但是我觉得它们为我们带来了一条正途。而且我坚信，只要在身体、情感和智力上给予年轻人适当的照顾，就能够让这些品质都变得非常的寻常。我下面将依次讨论它们。

与其说活力是一种心理品质，还不如说是一种生理素质。血气方刚时，活力一般都满满；随着年龄的越来越大，难免会活力衰退，及至暮年，活力消磨殆尽。活力在朝气蓬勃的学龄前儿童身上迅速达到巅峰，接下来就会因为教育而越来越弱。只要有活力，不必碰上什么乐事，就能够生趣盎然。它减少痛苦，增加快乐。它容易让人对所发生的任何事情都产生兴趣，由此增进作为心智健全之要素的客观态度。有这样一些人，倾向于以自我为中心，而对他们所见所闻的任何身外之事都没什么兴致。这样的人真的是非常的不幸，因为这样的做法导致他们轻则无聊，重则抑郁，除了极个别例外，还非常容易让人碌碌无为。活力提升人们对外界的兴趣，也让人们努力工作的劲头大大提高。再者，活力避免人们陷入嫉妒，因为它让人以自己的生活为乐。因为人类苦难的一大来源即是嫉妒，因此这也就是活力的一项极为重要的价值。诚然，很多坏品质能够和活力并存——例如，一只恶虎可以是非常强壮有力的。而不少好品质在没有活力的情况下依然可以存在，比如牛顿和洛克就没有什么活力。不过，如果这两位的体格更好，那么可能就不会是那种嫉妒、易怒的性格了。牛顿和莱布尼兹的论战，对英国数学发展造成的破坏性影响持续了上百年的时间，如果牛顿拥有健康的身体，并能享受常人之乐，这场论战没准就不会发生了。因此，即便有其局限性，我还是把活力放在所有人都应该具备的重要品质清单里面。

我们清单上的第二个品质，即勇敢的形式多种多样，而且每种形式都非常复杂。无所恐惧和有能力支配恐惧不是一回事。在恐惧合理时无所恐惧，和在恐惧不合理时无所恐惧也不是一回事。显然，没有不合理的恐惧，有能力支配恐惧是好的。但是缺乏合理的恐惧算不算好事，就有待商榷了。不过，这个问题待我谈论勇敢的别的形式后再谈。

在大多数人本能的情感生活中，不合理的恐惧扮演着非常重要的角色。如迫害妄想症、焦虑情结等病态形式，需要由精神病医生治疗。但是一些轻微的形式，其实也经常会在那些被认为精神健全的人身上看到。危险临近的感觉——更准确地说是"不安"，或者非常害怕蜘蛛、老鼠之类的其实没有危险的东西，基本属于非常普遍的现象。在过去许多恐惧常被认为是天性使然，现在大部分的研究者都对这一点表示怀疑。有些恐惧的确源自于本能——比如害怕巨响，但是绝大部分的恐惧，都是由经历或者联想所带来的。比如怕黑，好像就完全是因为联想。有理由确信，大部分脊椎动物对其天敌的恐惧感并不是与生俱来的，而是从它们的前辈那里来的。如果它们是由人类养大的，在其种群中常有的恐惧就会消失不见。然而恐惧是非常容易传染的，甚至当大人还没有意识到自己流露出恐惧时，恐惧就已经传染给小孩了。通过联想，儿童很快就会仿效保姆或者母亲的胆怯。从古到今，男人们都认为总是没来由地害怕的女性是楚楚动人的，因为这给了他们机会充当护花使者，同时又不用冒什么真实的危险。但是，这些人的儿子在他们的母亲那里学到了恐惧，不经过后天的训练无法恢复勇气。如果他们的父亲当初没有贪图对他们母亲的征服感，他们的勇气原本不会失去。由女性处于依附地位所导致的害处不可胜数，恐惧问题不过是其中一个次要的例证。

我现在不讨论能够消减不安和恐惧的方法，我会在后面考虑这个问题。不过我现在要提出这样一个问题：处理恐惧，我们是满足于抑制的方法，还是一定要找到某种更为彻底的克服之道？按照传统，贵族要被训练得不露惧色，而那些从属的民族、阶级和男女，则被鼓励要保持住自己的懦弱之举。测验勇气是纯粹的行为主义：战场上不能临阵脱逃，一定要擅长"具有男人气概"的运动，面对火灾、地震、海难等险境一定要镇定自若，等等。不仅要做到举措得当，还要做到不能露出容易被人看出害怕的迹象，比如脸色发白、呼吸急促、身体颤抖等。在我看来，所有这些都非常重要：我希望看到的是，不管什么民族、什么阶级、什么性别，都可以培养出勇气。然而如果采用的方法是压制性的，那么和这种方法有关系的那些弊病也就接踵而至。羞愧和耻辱始终是产生表面勇敢的有力武器，但是事实是，它们不过是引发不同恐惧间的冲突，而被期望在冲突中占据上风的，是对成为众矢之的的恐惧。"永远都要说真话，除非受到惊吓"，这是我小时候学到的一句格言，但是这种例外我并不承认。克服恐惧，不仅要在行为上，还要在情绪上；要克服的不只是有意识情绪中的恐惧，还有无意识情绪中的恐惧。只是在表面上战胜了恐惧，固然是满足了贵族的传统，却让恐惧的力量在暗中运作，并产生让人无法看出是恐惧的后果的且邪恶、扭曲的反应。我指的不是"炮弹休克症"这样的东西，它和恐惧的联系是再明显不过的。我指的其实是统治阶级通过压迫和暴行来维护他们权势的整个体制。最近在上海，一名英国军官没有警告，就下令从背后对着手无寸铁的中国学生开枪，他和那些临阵脱逃的士兵一样，显然是为恐惧所驱使。但是军事贵族们没有聪明到将这样的行为追溯至心理根源的程度；相反，在他们看来，这是坚毅和良好的情操的体现。

从生理学和心理学的角度来看，恐惧和愤怒是非常相似的情绪：感到愤怒的人并不具有最高意义上的那种勇气。在镇压黑人的反抗、共产主义革命以及别的对贵族制的威胁中，他们一贯展示的残暴，其实是一种变相的怯懦，理应和以更明显的形式表现出来的怯懦一样遭到蔑视。在我看来，这是有可能实现的：普通人通过教育，也能免于恐惧地生活。时至今日，这样的生活只有少数英雄和圣人实现过，但是他们能做到的，别的人也能做到，只要前者给后者将方向指明。

对于那种不因压制所构成的勇气，一定要结合很多种因素才能获得。

从最低级别的因素开始：健康和活力是非常有益处的，尽管并不是不可或缺的。具备应对危险处境的经验和技巧非常有必要。不过，如果我们考虑的是普遍意义上的勇气，而不是某方面的勇气时，就需要有更为根本的东西了。我们所需要的，是自尊和一种无我的人生观的结合。先讨论一下自尊。有些人遵从自己的内心而活，还有些人不过只是对旁人的所感所言亦步亦趋而已。

后者绝对不可能拥有真正的勇气：他们无法离开别人的赞许，并因为担心失去这种赞许而困扰。曾几何时，教人"谦虚"被认为是一件好事，但是其实这是变相地产生相同弊病的一种方式。"谦虚"将自尊抑制了，但是没有抑制被他人尊重的欲望；它不过是通过表面上的自轻来沽名钓誉罢了。所以，它会导致伪善和本性的扭曲。孩子被教育要无条件服从，不加任何的思考，等他们长大成人，又会继续给予自己的孩子同样的要求；据说只有学会服从的人，才明白怎样发号施令。

在我看来，无论是谁都不应学习如何服从，无论是谁都不应企图指挥他人。我当然指的不是说通力协作的事业中不应该存在领导者，我的意思是他们的权威应该和足球队长的权威类似，是人们为了实现共同的目标而甘心付出的代价。我们的目标，应该完全属于我们自己，而并非要由外部哪个权威为我们制定；我们的目标同样也绝对不应该强加给别人。我所说没人应该指挥、没人应该服从，是这样的意思。

最高意义上的勇气，还要有一样东西，那就是我前面提到的无我的人生观。将希望与恐惧全都集中于自身的人，想要平静地看待死亡是很难的，因为他的七情六欲会被死亡湮灭。在这里，我们又一次遇到了倡导简便易行的抑制之道的传统：圣人一定要学会弃绝自我，一定要将情欲摒除，要将本能的欢愉抛弃。这固然能够做到，然而其结果却非常糟糕。那些禁欲苦行的圣人不仅自己放弃享乐，还让别人也将享乐放弃，后者相对来说比较容易。隐蔽的嫉妒挥之不去，导致在他看来痛苦是高贵的，所以让人受苦也是合理的。这样价值就被彻底地颠倒了：坏的被想成是好的，好的被想成是坏的。通过遵从消极的戒律，而不是通过扩充和发展自然的欲望和本能来追求美好生活，这乃是万恶的源头。在人性当中，自有某些东西能够让我们轻松地超越自我，其中最普通的就是爱，尤其是父母之爱，其在一部分人的身上是如此广博，以至能够爱及全人类。还有就是知识。并没有什么理由觉得伽利略是特别仁慈的人，但是他为之而活的目的，并不会随着他的去世而消亡。

再者就是艺术。事实上，所有对自己身外之物的兴趣，都能够让人生在相应程度上变得无我。正是因为如此，虽然看起来好像矛盾，和只关心自己病痛的不幸的忧郁症患者相比，有着广泛而鲜活兴趣的人在离开人世时的挂碍会更少。因此，完美的勇敢通常都是属于那些兴趣广泛的人，他们通过对众多非我之物的珍重，而不是通过对自身的轻贱，感悟到自己无非是大千世界中的沧海一粟。如果缺少自由的天性还有活跃的才智，这几乎没有发生的可能。两者的融合滋生出的博大见解，是那些纵欲者和禁欲者所不了解的。按照这种见解，个人生死是微不足道的小事。这类勇敢不是消极的、压抑本能的，而是积极的、符合天性的。在我看来，正是这种积极意义上的勇敢，才是构成完美人格的主要成分之一。

敏锐是我们列出的第三个品质，在某种意义来说，它是对单纯的勇敢的一种纠偏。相对而言，对危险一无所知的人更容易产生勇敢之举，但是这样的勇敢，通常都是以愚蠢居多。任何以蒙昧无知或不长记性为基础的行为方式，都不能让人满意：尽量充分的知识还有见识是应当具备的一大要素。但是，认知方面要归诸理智的范围，而我这里讲的敏锐，则要归于情感的名下。按照纯理论的定义，如果有很多种刺激都能让某人产生情感，那么他在情感上就是敏锐的；但是如此宽泛地来看，这未必是一种可取的品质。只有当情感反映在某种意义上是适当的情况下，敏锐才是具有积极意义的：单纯情感反应的强度并非我们想要的。在我心目中这种品质是这样的：受众多事物并且是合适的事物的影响而产生快乐或者痛苦的感觉。合适的事物指的是什么？我将试着解释一下。第一阶段，是从比如温暖、食物等带来的单纯感官快乐跨越到由社会认可所赋予的快乐，大部分儿童在差不多 5 个月大时就开始进入这一阶段。这种快乐一旦产生，发展将会特别迅速：任何一个孩子都喜欢表扬，而讨厌批评。一般来说，对受人好评的渴望是人们将会保持终生的主要动机之一。就激发善行和遏制贪念来说，它无疑具有很高的价值。如果我们在赞美他人方面更明智一些，它的价值可能会更大。不过，考虑到最受仰慕的英雄是那些杀人如麻之辈的情况，只靠对赞扬的钟爱来创造美好生活，还远远不够。

发展出敏锐的理想形式的第二阶段，是同情。纯粹生理层面上的同情是存在的：很小的孩子都会因为他的兄弟姐妹在哭泣而哭泣。在我看来，这为进一步的发展打下了基础。所需的两种扩展是：其一，就算和受苦的人没有特殊情感的联系，也会把他当作同情的对象；其二，仅凭耳闻，而不用目睹苦难的发生，就可以产生同情。这第二种扩展主要由理智所决定。那些理智程度比较低的人，只会对优秀小说里那种生动而感人地描绘的苦难产生同情；而如果理智程度较高，一组统计数据就足可以让他动情。这种抽象的同情能力十分重要，但是也是十分罕见的。当所爱的人罹患癌症，往往每个人都会悲痛欲绝。如果是在医院看到素不相识的病人被病痛折磨得苦不堪言，大部分人也会为之动容。然而如果他们读到了诸如癌症的死亡率数据时，一般只是因为唯恐自己或者亲人患上这种疾病而触发一时的恐惧。战争也是一样：当自己的儿子或兄弟在战争中遭到残害，人们会觉得战争是恐惧的，但是他们并不会因为遭到残害的百万人，而感到战争有百万倍的恐惧。一个在其所有个人交际中表现得和蔼可亲的人，却有可能利用煽动战争，或者虐待那些"落后"国家的儿童来为自己谋取利益。一切这些常见的现象都可以归因于这样一个事实：大部分人的同情，不会只是被抽象的刺激而激发出来。如果这一点可以获得纠正，那么现代社会中的大多数罪恶都能够消除。科学让我们对遥远地区民众生活的影响力大大提升，但是并没有同时增强我们对他们的同情心。假设你是上海一家纱厂的股东，可能你是个大忙人，当初进行投资，不过是听从财务建议而已；无论是对上海还是对棉纱，你都没有兴趣，唯一关心的只有你自己的分红。即便是这样，你还是能够成为导向屠杀无辜民众的强权的一部分，之所以你有利可图，是因为有很多幼小的儿童被迫沦为了苦工，在从事着超常而危险的劳动。不过你毫不在意，因为你从来都没有见过这些孩子，抽象的刺激让你无动于衷。这就是大规模的工业化为什么会如此残酷，对臣服种族的压迫为什么被接受的根本原因。通过教育来培养对抽象刺激的敏锐性，就能够避免这类事情的发生。

实际上，应该纳入讨论的认知敏锐性和观察的习惯是一码事，所以以和理智放在一块儿考虑是更为自然的。审美敏锐性则提出了一些我现在还不想探讨的问题，这样我将继续谈论我们举出的第四个品质，也就是理智。

对理智的轻视是传统道德的一大缺陷。古希腊人在这方面并没有犯错，然而基督教会对人们进行引导，让他们认为除了美德，一切都不重要，而美德在于戒除一系列被武断地认定为"罪"的行为。只要这种态度还没有被彻底根除，就无法让人们意识到和人为约定的"美德"相比，理智的价值是更高的。这里我讲的理智，兼指实际拥有的知识和对知识的理解力。实际上，这两者是密不可分的。

无知的成人是不可教育的，在比如饮食或者卫生这类问题上，他们根本不能相信科学的说法。一个人学得越多，就越容易学得更多，不过有一个前提，那就是他受到的并非贯彻教条主义的教育。无知者从来都不具备改变他们的心理习惯的压力，他们的态度已经僵硬到了冥顽不化的程度。他们不只是在应该产生怀疑的地方盲目信从，还在应该相信的地方满腹疑虑。

的确，理智一词适合表示获取知识的能力，而不是已经获取的知识；不过我觉得这种能力正如钢琴家和杂技演员的能力一样，只有通过练习才能获得。传授知识的方式里不包括训练理智的内容当然是可能的，不但可能，还非常容易，并且人们总在这样做。然而我不相信不传授知识就能够训练理智，对理智的训练至少可以让人们得到知识。如果没有理智，我们复杂的现代世界就不可能存在，更别说进步。因此，对理智的培养被我视为教育的主要目的之一。这看起来好像平淡无奇，其实不然。教育者们往往因为热衷于灌输所谓的正确信念，而忽视了对理智的训练。要将这一点弄清楚，就有必要更仔细地对理智进行界定，好能够将它所需的心理习惯找出来。为了达到这个目的，我将会只考虑获得知识的能力，而不考虑实际积累的知识，即便后者能够正当地包含在理智的定义之中。

好奇心是理智生活的自然基础，可以在动物身上看到它的初级形态。

理智要求机敏的好奇心，不过它一定是属于特定的种类的。诱使乡邻间在天黑后，企图透过窗帘相互窥探的那种好奇心，没有什么价值。对流言蜚语的普遍兴趣的源头不是求知欲，而是恶意：没有谁会对别人隐藏的美德评头论足，却只会对他们试图遮掩的丑事说三道四。所以，流言蜚语大部分都是不真实的，然而人们却有意地不去澄清。邻居的丑行就仿佛是一种宗教慰藉，让人非常的惬意，以致人们都不愿意停下来去深究证据。另一方面，真正的好奇心才是由真正的求知欲所激发出来的。你能够在一只猫身上看到以相当纯粹的方式表现出来的这种冲动：被带进一个陌生的房间，猫会嗅遍每件家具及每个角落。这种冲动你也可以在小孩身上看到，当你将平时锁着的橱柜或抽屉打开给他们看时，他们会非常高兴。动物、雷雨、机器还有各种形式的手工劳动，都可以激发孩子的好奇心，他们对知识的渴求，即便是最具理智的成人也会感到汗颜。这种冲动随着年龄的增长越来越弱，直到最后，陌生事物只会导致反感，再也不会产生一探究竟的欲望了。到了这时，人们会说国家正在下滑，"我年轻的时候可不是这样的"。与过去不可同日而语的，其实是说话的人的好奇心。可以想象一下，好奇心一死，活跃的理智也就再也不存在了。

但是，虽然在童年之后，好奇心会在强度和广度上弱化，但是却能够在质量上长久不断地得到增强。相比对特殊事实的好奇心，对普遍命题的好奇心显示出的理智水平更高，通常来说，普遍性的等级越高，所包含的理智成分也就越多（不过不应该拘泥于这条规则）。比如和获取食物相联系的好奇心相比，脱离个体利益的好奇心显示出的发展程度更高。在陌生的房间里到处嗅的猫并非一个彻底无私的科学探索者，它极有可能还是想发现周围是不是有老鼠。说好奇心在无私的时候是最好的可能不是一个十分准确的说法，所以不如说，当好奇心跟别的利益的关联不是直接的和显著的，而只有通过一定程度的理智才能发现的情况下，这种好奇心就是最积极的。不过我们没有必要在这个问题上下定论。

好奇心若要取得成果，一定要和特定的求知技巧结合在一起。一定要具备观察的习惯、对知识的可能性的信念、耐心还有勤奋。以好奇心还有恰当的理智教育作为基础，这些东西就能获得自然而然的发展。但是因为理智生活不过是我们活动的一部分，并且好奇心常常陷入和其他情感的冲突中，因此还需要某些理智方面的美德，比如开放的心态这种的。因为习惯和欲望，我们变得对新的真理十分排斥：我们发现，否定自己多年以来深信不疑的东西，还有照顾我们自尊或任何别的重要感受的东西很难。所以，开放的心态应该是教育所要培养的重要品质之一。现在，这还只是在极为有限的范围内才能实现，就像 1925 年 7 月 31 日《先驱日报》的这篇报道所表明的：

> 受命对布特尔各校任课教师毒害儿童心灵的指控进行调查的特别委员会，已经将他们的调查结果呈递给了布特尔市议会。这一委员会之前曾认定这些指控属实，然而议会删去了"属实"一词，指出"这些指控需要进一步的合理调查"。这一委员会有一项提议已经为议会所采纳：今后学校聘任的教师，应当负责对学生尊崇上帝和宗教，并尊重本地的行政和宗教机关的习惯进行培养。

可见，无论别的地方情况怎么样，在布特尔是谈不上开放的心态的。诚盼布特尔市议会尽快派代表团前往美国田纳西州达顿镇取经，以获得他们计划实施的最佳方法。不过这可能是多此一举。从决议的措辞来看，在蒙昧方面，布特尔可能已经用不着别人的指点了。

理智上的诚实和肉体上的英勇一样，都离不开勇气。我们对真实世界的了解要远少于我们自以为的；自出生的那天开始，我们就在进行不可靠的归纳，并将我们的心理习惯和外在的自然法则混在一起。形形色色的思想体系，如基督教、社会主义、爱国主义等，就像孤儿院一样，乐于为人们提供安全，以此来换取对他们的奴役。自由的精神生活是无法像受教条庇护的生活那样温暖、安逸和友善的：窗外暴风雪肆虐，能为人提供炉边暖意的只有教条。

这让我们遇到了一个比较棘手的问题：好的生活，应该在什么样的程度上摆脱群体的束缚？我不太愿意用"群体本能"这个词，因为关于其是否正确，还存在一定的争议。但无论如何解释，这个词所指向的现象我们并不陌生。我们愿意与其友好相待的，是那些让我们感到是同类，并想要与其合作的人——我们的家人、邻居、朋友、同事、政党同志或者国民。这是非常自然的，因为如果没有合作，我们就不能获得哪怕一点的生活乐趣。此外，情绪还拥有传染的特性，特别当很多人在同一时刻感受到某种情绪时。在群情激昂的集会中，能够做到不动声色的人很少：即便他们是持反对意见的，他们的异议也会变得十分激烈。对于大部分人来说，只有当他们能够从某个可以给予他们认可的不同群体的思想中得到支持时，才可能进行这样的反对。这就是"圣徒相通"的教义能为受宗教迫害的人带去如此大慰藉的原因。我们是应该默认这种和群体采取合作的欲望，还是应该通过教育来想办法削弱它？这两种做法都有道理。因此正确的答案应该是找到一个合适的比例，而不是单纯支持其中的哪一方。

我自己的观点是，取悦他人，还有和他人合作的欲望应该强烈，而且这是正常的；但在某些重要的情形下，也应该可以被别的欲望所压倒。取悦他人的愿望的必要性，已经在前面讨论敏锐的时候说过了。如果没有这种愿望，我们都会变得十分粗野，家庭乃至所有的社会团体都不可能存在。如果小孩缺乏讨父母欢心的欲望，教育他们将会十分困难。情绪的传染性也是有它的优点的，如果是从智者传染到愚者的话。然而如果是在惊惧和震怒的情形中，那自然就是有害无益的了。所以，情感的接受性问题绝对不是个简单的事情。就算是在纯粹的理智事务中，这个问题也不明了。伟大的发现者需要冒天下之大不韪，并会因为自己的特立独行而触犯众怒。但是凡夫俗子如果固执己见，就会更加的愚不可及：至少在科学方面是这样的。他们尊重权威就总体而言是有好处的。

我想，在那些处境和禀赋都不怎么优越的人的生活里面，大多数领域都受到能够笼统地称为"群体本能"的东西支配，只有小部分领域没有受到影响。这小部分领域应该包括可以发挥他专长的领域。有的男人对一个女人十分爱慕，完全是因为大家都赞美她，这样的人为我们所看不起：我们觉得，一个男人在择取佳偶时不应该随波逐流，而是应该依照他自己的独特感受。在评判一般人时，他对邻居附和几句是无所谓的，但是如果坠入了爱河，就应该接受他自己独特感受的指引。别的方面也适用同样的道理。关于田地产出多少才能养活自己，一个农夫应该按照他自己的判断，即使他应该在学习科学农业知识后再下判断。关于汇率的问题，一个经济学家应该有自己独立的判断，普通人则还是跟着权威走最好。如果有专长，那就应该有主见。不过人们不应该让自己变成一只刺猬，浑身硬刺，拒人千里之外。我们的日常活动通常都是需要合作的，而合作需要以本能作为基础。即便这样，我们也都应该学会独立反思那些对我们习焉不察的事情，并有提出不合时宜的观点的勇气，只要我们确信这些观点十分重要。的确，要将这些宏观的原则运用在具体的事例当中很难。然而如果我们身处的是人们普遍具有本文提的这些美德的世界，那么就没有现在这么难了。这个世界不会有迫害圣徒的现象出现。好人不需要出于义愤而刻意去行善；他的善行将会是遵循内心冲动的结果，还伴随着本能的快乐。他并不会为人所忌恨，因为邻居们都不会怕他：先驱者所受的憎恨归咎于他们激起的恐惧，但是在已经具备了勇气的人中间不会存在这种恐惧。只有被恐惧主宰的人，才会去加入三 K 党或者法西斯这类的组织。

在充满了勇敢的人的世界，不会有这样的害人组织存在，好生活对人的天性的妨碍，也会远少于现在。美好世界只能由无畏的人来创造，来维持，不过世界越美好，他们就越没有表现他们勇敢的机会。

由教育所能培养出的最高程度的活力、勇敢、敏锐和理智的男女两性组成的社会，将会和截至目前存在过的社会完全不一样。不幸福的人极少。现在导致不幸福的主要原因是：不健康、贫穷，还有性生活的不和谐。到了那时，所有的这些都将变得极为罕见。几乎每个人都身强体壮，甚至还能够延缓衰老。在工业革命以后，只有集体愚昧才会导致贫穷。敏锐会将人们消灭贫穷的愿望激发出来，理智会为他们将方向指明，而勇敢会敦促他们采取行动（怯懦的人不愿离经叛道，宁可抱残守缺）。现在，大部分人都不满意自己的性生活。这一部分是因为教育不当，一部分则是因为政府和格伦迪太太的压迫。只要成长起一代没有非理性的性恐惧的女性，就可以很快将这种状况终结。恐惧曾被视为让女性"贞洁"的不二法门，因此她们被蓄意教育成了身体孱弱而心理怯懦的人。女性的爱情受到了束缚，这又助长了她们丈夫的粗暴和虚伪，还让她们孩子的天性也被扭曲了。一代无畏的女性能够将世界改变，因为她们可以带来一代勇敢的孩子，这些孩子没有遭到扭曲，没有成为畸形，而是正直、慷慨、博爱、坦诚的，并且是自由的。他们的激情会将我们因自己的懒惰、懦弱、冷漠和愚蠢而承受的残酷和痛苦一扫而光。我们之所以沾染了这些恶劣的品质，是因为教育，我们要想获得与其相反的这些美德，也一定要通过教育。教育是将新世界之门打开的钥匙。

　　关于教育的一般原则就谈到这里，下面开始讨论能够体现我们理想的具体细节。

第三章
出生之年

　　出生之年过去一般被认为并不在教育的范围之内。婴儿至少到会说话之前，甚至更晚，都是由他的母亲或者保姆全权照料的，因为在人们看来，她们本能地知道哪些是对孩子有益的。但是实际上她们并不知道。很多孩子在出生的第一年里就夭折了，而那些活下来的孩子里，也有许多健康已经受到了严重的损害。不当的护理还为日后糟糕的心理习惯埋下了祸根。所有这些直到最近才被人们意识到。人们总在抱怨科学干涉了育婴，因为这让母子相依的动人景象被破坏了。但是，感情用事和舐犊之爱无法并存，关爱自己孩子的父母会希望孩子活下去，即便是一定要运用理智来实现这种目的。我们相应地发现最容易这般感情用事的，是自己没有孩子的人，还有像卢梭那样的，情愿将自己的孩子丢给育婴院的人。有文化的家长一般都积极了解科学的说法，而没文化的家长也能够去咨询请教妇产中心。这么做的成效体现在婴儿的死亡率大大降低。有理由相信，只要照顾充分、技术得当，在襁褓里就夭折的孩子很少。不仅这样，存活下来的婴儿不管是身体还是心理，也都会非常健康。

严格地讲，身体健康的问题并不在本书的讨论范围之内，应该留给那些从事医学研究的人处理。除非它们在心理学上也具备重要性，否则我不会谈到它们。但是在出生之年，生理和心理基本上是浑然一体的。而且看管婴儿时所犯的纯粹生理学上的错误，会为后来的教育者带去麻烦。所以，我们无法彻底避免进入按理说并不属于我们的领域。

新生儿具备各种反射和本能，但是没有形成习惯。他们在娘胎里形成的任何一种习惯，在新的环境中都无法发挥什么用处：有时甚至连呼吸都要重新学习，有些孩子之所以夭亡，就是因为学得慢了。只有一种本能，婴儿是发育完善的，那就是吮吸；婴儿在吮吸时，不会因为环境是新的而感到不舒服。然而在余下醒着的时光里，婴儿都是在一种恍惚的迷惘里度过的，想要摆脱这种状态，办法就是在24小时中的大多数时间里睡觉。过了两周，这一切都发生了改变。婴儿已经通过有规律地重现的经验学会了期待。他们俨然已经成了保守主义者——可能比以后所有的时候都更加保守。他们厌恶一切新鲜的事物。如果会说话，他们会这样说："你以为我会在有生之年让我保持终身的习惯做出改变吗？"婴儿习惯的形成速度令人咋舌。婴儿养成的任何一个坏习惯，都会对今后好习惯的养成构成障碍，这就是婴儿早期最初形成的习惯为什么如此重要。如果这些最初的习惯是良好的习惯，那么就不会有无穷的后患。何况从往后的人生来看，很早形成的习惯与本能无异，都是十分根深蒂固的。后来养成的与之对立的新习惯不可能具备一样的力量，因此，最初的习惯应该为人们所高度重视。

当我们对婴儿期的习惯养成进行讨论时，应该从两方面予以考虑。最重要的是健康，然后是品性。我们盼着孩子成为那种讨人喜欢的人，并可以成功地面对生活。幸亏健康和品性是并行不悖的，对一方有利的，对另一方也有利。即使在本书中，品行是我们所着重关注的，健康也需要一样的训练。如此，我们就不用面临这种两难的选择：要么成为身强力壮的恶棍，要么成为身体孱弱的圣人。

现在所有受过教育的母亲，都懂得这样的事实：定时地给婴儿喂食而不是婴儿一哭就喂是非常重要的。之所以采取这样的做法，是因为它对孩子的消化更有好处——这是一个十分充分的理由。不过，从道德教育的角度来看，这种做法也是可取的。婴儿往往比成人设想的要更加刁钻，如果他们发现啼哭能够为他们带来好处，那就会这么去做。在往后的生活中，当抱怨的习惯让他们招人讨厌而不是惹人喜爱时，他们就会觉得吃惊和愤怒，在他们眼中，世界是冷漠无情的。但是如果她们长大后出落为迷人的佳丽，那么她们即使是嗔怒，还是会讨人喜欢，儿时养成的陋习就会得到强化。富人也是一样。除非人们在婴儿的时候得到了正确的对待，要不他们在今后的人生中将会视他们的能力程度，而变得越来越牢骚满腹，或者是贪得无厌。

出生之日，也正是必要的道德训练开始的时候，因为训练从这时开始，不会让期望变成失望。如果从任何一个从这往后推迟的时间开始，就一定会遭遇逆向习惯的顽抗，并因此激起憎恨。

因此，和婴儿相处得在冷落和疼爱之间寻求一种十分微妙的平衡。只要是维持健康所需要的事情，就一定要做到。如果孩子受了风寒，就应该悉心照顾他，还要确保他干燥和暖和。然而如果孩子没有适当的身体原因却哭闹不止，我们就任其哭闹，那么他就不会变成小皇帝。照顾孩子时不应该过于娇惯他们：该做的确实一定要做，但是不能过分地表达关爱。无论什么时候，都不应该将孩子视为比小狗更有趣的可爱宠物。一定要从最开始就将其作为潜在的成人，予以认真看待。在成人身上让人接受不了的习惯，在孩子那里没准会颇为讨人喜欢。孩子当然是不可能真的具有成人的习惯的，不过我们还是应该避免任何对养成这些习惯有影响的东西。我们特别不应该让孩子产生一种自负感，在日后的经历中这种自负感会变成挫败感，并且不管怎样都和事实不符。

婴儿教育的困难，主要在于父母怎样才能实现微妙的平衡。为了避免孩子的健康受到损害，父母需要做到含辛茹苦、无微不至；如果没有强烈的父母之爱，这些品质是无法达到充分的程度的。但是，这种爱又非常有可能变得不明智。对于那些对子女十分宠爱的父母而言，孩子是他们的无价之宝。如果不加留意，就会被孩子觉察到这一点，他们会认定自己就是像父母心目里那样的重要。

但是在今后的人生里面，社会环境是不可能这样拿他当宝的，这种将自己认定为别人世界之中心的习惯，将会让他处处碰壁。所以，如果孩子是偶染小病，父母应该等闲视之，泰然处之，不只是在出生之年要这样，以后也应该这样。在过去的时候，婴儿是既受束缚，又被溺爱：他们的手脚没有自由，被穿了过于暖和的衣服，活动大大地受限制，但是大人又十分地疼爱他们，帮他们摇摇篮，哼歌给他们听，还将他们抱到膝上摇逗。这是极其错误的，因为这能够使孩子成为娇生惯养的无法自立的寄生者。对的做法是：鼓励自主活动，阻止要求他人。别让孩子看见你为他做了如此多的事，或者吃了如此多的苦。让孩子尽量品尝到成功的喜悦，不过他应该凭借他自己的努力来实现成功，而非通过对大人们的颐指气使。在现代教育里面，我们的目标是把外在的管束降到最低的限度，但是这需要一种内在的自律，而出生之年是一生中最容易养成这种自律的。比如你想让孩子睡觉，别来回地摇动摇篮，也别将他抱在怀里，甚至别待在他能看见的地方。一旦你如此做了一次，孩子就会要求你下次还要这样做，那么在短时间内，让孩子入睡就会变得非常棘手。将孩子收拾得暖和、干燥、舒服，然后就果断地将他放下，柔声低语说上几句后，就把他单独留下。他可能会哭上几分钟，然而只要没有生病，他的哭泣很快就会停下来。过了一会儿你再去看，就会发现他已经睡熟了。同爱抚和迁就相比，这种做法可以让孩子睡得时间更长。

就像之前所说的，新生儿是不存在习惯的，有的只是反射和本能。这意味着他的世界并非由"对象"构成。反复出现的经验，乃是认知的必要条件，同时认知又是"对象"概念产生的必要条件。新生儿很快就可以熟悉婴儿床的触觉、母亲的乳房（或者是奶瓶）的触觉和气味，还有母亲或者保姆的声音。但是，能分辨母亲或婴儿床的视觉外观要稍晚一些，因为新生儿不清楚怎样集中视力，好能够认清形状。而只有通过联想所形成的习惯，视觉、听觉、嗅觉还有触觉才能够渐渐汇聚，合成一般的对象观念，这种观念只要出现了，就会导向期待它的再次出现。就算到了这时，新生儿暂时还是不能感觉到人和物品之间的差别；所吃的奶一半是由母亲哺乳的，一半是用奶瓶喂的婴儿，在一段时间内对母亲和奶瓶是一样的感觉。在这整个期间内，教育一定要采取纯粹的物质手段。婴儿的快乐是物质上的——大部分是食物和温暖，同时痛苦也是物质上的。行为习惯是通过寻求和快乐有关系的东西，还有避开和痛苦有关系的东西而产生的。有的时候，孩子的哭泣是对遭受的痛苦的一种反应，有的时候，则是追寻快乐时的一种举动。诚然，一开始仅限于前者。但是因为孩子可能遭受的任何真正的痛苦一定会被尽可能地消除，哭泣最终一定会和快乐的结果联系在一起。所以，孩子很快就开始因为想要得到快乐而啼哭，而不是因为身体感到不适，这是他最开始的理智成就之一。但是无论他如何努力，也无法发出他的确痛苦时的那种哭声。母亲只要细听一下，就能发现差别，而如果她是一位明智的母亲，就应该将这种并非表达身体痛苦的哭声忽略。通过哼歌给他听，或者把婴儿抱到膝上摇逗来哄孩子，固然是简单又惬意的，但是孩子对这些娱乐的要求会越来越多，而且速度惊人，这样很快会影响到必要的睡眠——除了吃东西，睡眠本来应该占去他一天里差不多所有的时间。若干这类的告诫显得有些不中听，不过经验表明，它们对孩子的健康与幸福是有利的。

但是，即使成人应该将所提供的娱乐保持在一定的限度，婴儿的自娱活动，却应该持有尽量鼓励的态度。从最初婴儿就应该拥有踢腿等活动肌肉的机会。我们的先人为什么会如此长久地坚持使用襁褓，这一点真的是不可思议。这一点表明，就算是父母之爱，也敌不过懒惰，因为手脚自由的婴儿需要的照顾更多。孩子一旦可以集中视力，看见活动的物体，特别是飘荡在风里的东西就会让他感到快乐。孩子可以有的娱乐活动很少，直到他学会怎样抓住看见的东西。快乐到那时就一下子大为增加了。在一段时间内，如果没有睡觉，练习抓东西就足以保证他拥有很多的乐趣。对声响的兴致也产生于这一时期。对手指和脚趾的控制则要稍稍早一些。一开始脚趾的活动是纯粹反射性的；而后婴儿发现，它们是能够随意活动的。这带来的快乐甚至可以和帝国对外邦的征服相提并论：脚趾再也不是陌生的身体部位，而是自我的一部分。从这以后，只要在孩子能够够到的范围内有合适的物品，他就可以有很多的娱乐活动。孩子的大部分娱乐活动恰恰是对他的教育所必不可少的——当然，有一个前提是别让他跌倒、将别针吞下或者做别的会伤害他自己的事。

除了享受食物的时候，对婴儿来说，出生的头 3 个月总体来说是比较沉闷的。他舒服的时候就是在睡觉，而他醒着的时候一般都是有一些不舒服的。人类的快乐由心理能力决定，不过不到 3 个月大的婴儿是没有经验和肌肉控制力的，以至于这些能力无从展现。动物幼崽享受生活要早得多，因为它们对经验的依靠较少，更多的是依靠本能；但是婴儿能够依靠本能做的事太少了，提供不了什么愉悦和乐趣。总体来说，这头 3 个月是相当无聊的。但是，对于拥有充足的睡眠来说，乏味倒是必不可少的；如果总逗孩子玩，他就会出现睡眠不足。

在差不多 2 到 3 个月大的时候，孩子学会了笑，并且对人产生了和对物品不一样的感情。也是在这个时期，母亲和孩子之间的社会关系开始成为可能：当看到母亲，孩子可以而且确实表现出高兴，并出现了并非只是动物性的反应。

对表扬和认可的欲望很快滋长起来。我的儿子在 5 个月大的时候，第一次真切地流露出了这种欲望，当他经过几番尝试后，终于成功地拿起了桌上的一个有点沉的铃铛，并摇响了它，他环顾周围的每一个人，自豪地笑着。从这时候开始，教育者就有了一件新武器：表扬还有责备。在整个童年时期，这件武器都非常有威力，但使用它一定要非常谨慎。在出生的第一年里，不应该进行任何责备，在第一年以后也应该尽可能地少责备。表扬的危害要相对少一点。不过也不能轻易地表扬，以免表扬失去了它的价值，也不应该过分地表扬孩子。当孩子第一次学会了走路、第一次说出能够理解的词语，父母再能沉得住气，也会情不自禁地夸赞孩子。通常，当孩子通过自己不懈的努力，终于克服了困难，表扬就是给予他们的恰当奖励。此外，让孩子感到你对他的学习愿望是支持的，也是非常有益处的。

不过总体而言，婴儿的求知欲是这样的强烈，父母只需要为他提供学习机会就可以了。为孩子提供一个发展的机会，剩下的都由他靠自己的努力来实现。教孩子爬、走或者学习任何别的肌肉控制的基本方法是没有必要的。诚然，我们通过和孩子说话来教他学习说话，然而对刻意地教说话能有什么效果我是持怀疑态度的。孩子拥有他们独特的学习节奏，试图强迫他们是不对的。在整个人生历程里面，经过一开始的困难之后体验到了成功的感受，乃是努力的一大动力。困难千万不能大到让人感到气馁，也不能小到不能起到催人奋进的作用。从人的出生到死亡，这是一条基本的规律。学有所获，凭借的是躬身实践。大人能做的，是为孩子演示某个想要完成的简单动作，比如摇晃拨浪鼓，然后让孩子自己弄明白该如何去做。别人的所作所为无非是对进取心的一种刺激，它自身绝对不是一种教育。

在幼儿期，规律和惯例是特别重要的，尤其是在出生之年。一开始就应该养成对睡眠、饮食和排泄的定时习惯。此外，熟悉环境在心理上也非常重要。它让孩子学会了识别东西，避免过度紧张，并可以产生安全感。我有时候在想，对于自然统一性的信念——据说这是科学研究的一项公设，完全来自于对安全的渴望。我们可以应对预料之中的事，不过自然规律突然发生了改变，我们就会灭亡。弱小婴儿需要安抚，如果所有的看起来都是按照不变的法则而发生，所以能够预测，那么他会更加快乐。对冒险的喜爱在童年后期出现，不过在出生之年，一切不寻常的事都会引起恐慌。尽你所能地别让孩子害怕。如果孩子生了病，你非常担心，就要小心翼翼地，将你的不安掩盖住，以免通过暗示传染给他。别做任何可能导致刺激的事。如果孩子出现了不按时睡觉、吃饭或排泄的现象，不要让他感觉到你的在意，否则就会助长他的自负心理。不光是要在出生之年这样做，随后的几年更要这样做。

　　绝对不能让孩子觉得某种必需的日常行为——比如本来应该成为一桩乐事的吃饭，乃是你所期望的东西，你是为了让自己高兴，才要他这么做的。否则孩子马上就会意识到自己掌握了新的权力来源。于是即使是一些本来应该自然而然完成的行为，他也会希望被人哄着去做，要不就不做。千万不要以为孩子没有足够的才智来做出这样的举动。他的知识有限，体力单薄，但是在这些限制并没有起作用的地方，他拥有的智力绝对不比成人差。孩子在出生头 12 个月里学到的东西，要多于以后任何一段同样长的时间。如果没有极为活跃的智力，这是不可能做到的。

　　简而言之，就算是刚刚出生的婴儿，也要将其视为一个在世界上占据一席之地的人来尊重。不能为了贪图一时便利，或者是照料孩子的乐趣，而将他的未来牺牲，这两者都是非常有害的。这里和别的地方一样，为了不偏离正轨，一定要将爱心和知识结合在一起。

第四章

游戏与想象

　　不管是人类的幼崽，还是动物幼崽，都有一个显著的特征，那就是喜欢玩耍。对儿童而言，这种爱好是无法和假扮所带来的无穷乐趣分开的。在童年，玩耍和假扮是必不可少的需求，一定要给孩子提供机会进行这些活动。这样他们才能获得快乐，才能健康成长，更何况这些活动还有其他的好处。在这方面，有两个和教育相关的问题：首先，关于提供机会，家长还有学校应该为孩子做些什么？其次，为了提升游戏在教育上的作用，他们还应该做哪些事情？

　　让我们先来对游戏心理学说几句。对此格鲁斯的论述已经足够详尽。这件事涉及两个不一样的问题：其一，什么样的冲动导致了游戏；其二，游戏有哪些生物学的功用。第二个问题回答起来比较容易。一种已经获得广泛接受的理论认为，不管是什么物种，它们的幼崽都是在游戏中预演和练习它们将来要认真地从事的那些活动，这样的理论好像是毋庸置疑的。小狗在游戏跟大狗打架，除了没有真的相互撕咬，其余是完全一样的。小猫的游戏和大猫对待老鼠的行为类似。儿童喜欢对一切他们所见到的工作，譬如建造或挖掘进行模仿；在他们眼中越重要的工作，他们就越喜欢模仿。他们还喜欢一切能带给他们新的肌肉能力的事情，比如攀登、跳跃或者沿着狭窄的木板行走——只要这些活动不是特别的难。虽然这种理论大体上将游戏冲动的功用说清楚了，但是它绝对没有将这种冲动的所有表现形式涵盖进来，也绝不能视为给出了一种心理学分析。

有一部分精神分析学家试图在儿童游戏中看出性的象征，我确定这根本就是无稽之谈。童年的本能冲动主要并非性欲，而是成为大人的欲望，或者更准确地说，是权力意识。儿童和大人相比，深感自己的弱小，所以迫切希望自己变得和他们势均力敌。我还记得当我儿子得知他总有一天会长大成人，而我也曾是一个像他一样的小孩时，他欣喜若狂。由此可见，一旦意识到成功的可能性，努力就得到了激发。正如模仿行为所表现的，从很小的时候开始，孩子就希望自己可以做大人能做的事。哥哥和姐姐对孩子很有裨益，因为他们的目标很容易理解，并且他们的能力并没有像成人那样遥不可及。儿童有着非常强烈的自卑感，如果他们一切正常并且获得了恰当的教育，那么自卑感就能够激发努力；如果他们受到了压抑，自卑感也许就会成为烦恼之源。

我们在游戏中有两种权力意志：一种通过学习做事体现出来，一种通过想象体现出来。和受挫的成人有可能沉湎于具有性意味的幻想中类似，正常的儿童也会对那些具有权力意味的假扮痴迷。他们愿意装成狮子、巨人或者火车，他们希望这样的假扮可以引起别人的恐惧。我在为儿子讲述《消灭巨人杰克》的故事时，我设法让他将自己和杰克等同起来，他却拒绝了我，而是坚定地选择当巨人。在他母亲给他讲述《蓝胡子》的故事时，他还是坚持要当蓝胡子，并觉得蓝胡子的妻子因为反抗而遭到了惩罚是罪有应得。他的游戏里还出现过血腥的情节，比如将女人砍头。弗洛伊德主义者会认为这是性虐待倾向，然而他在装扮成吃小孩的巨人或者可以拉动重物的机车时，也是同样的兴致盎然。这些假扮中的共同因素并非性，而是权力。有一天我们散步回来，我显然是开玩笑地和他说，也许有一位蒂德利温克斯先生把我们的房子给占了，他可能不让我们进屋。

从那以后的很长一段时间里，他都会装作蒂德利温克斯先生站在门口，命令我去别的人家。这个游戏让他乐此不疲，显然，大权在握的感觉让他心满意足。

不过如果就此觉得权力意志是儿童游戏的唯一源泉，那就过于简单化了。他们也喜欢假装恐惧，这可能是因为明知是假象但可以提高他们的安全感。有的时候我假扮成鳄鱼，要把我的儿子吃掉，他的尖叫声是如此真切，以致我真的停了下来，以为我真的吓到了他，然而我一停下来他就会说："爸爸你再假扮一次鳄鱼。"假扮的乐趣有很多根本就是表演的快乐——和成年人喜欢小说和戏剧是一样的。我想，所有这些活动里面都包含好奇的成分：通过扮熊，孩子觉得他仿佛了解了熊。在我看来，儿童生命中的每一种强烈冲动都通过游戏反映了出来：权力因素只有在儿童的欲望中占据了支配地位时，才会相应地在其游戏中占据了支配地位。

　　提起游戏的教育价值，对那种目的在于学习新技能的游戏，任何人都会交口称赞，但对那种假扮类的游戏，有不少现代人则会投以怀疑的目光。在成年人的生活里面，幻想被认为或多或少有一点病态，是用来取代现实领域中的努力的。儿童的假扮游戏被幻想这种坏名声给殃及了，在我看来，这是极为错误的。蒙台梭利学校的教师讨厌孩子把他们的教具当成轮船或者火车之类的东西：这被他们称为"混乱的想象"。他们相当正确，因为孩子们并不是真的在做游戏，即使在孩子们眼中，可能和游戏没什么两样。教具供孩子娱乐，然而它的目的是教导，娱乐不过是一种教导的手段。但是在真正的游戏里面，娱乐就是首要的目的。如果将反对"混乱的想象"的做法带到真正的游戏当中，那么我认为这就离谱了。反对给孩子讲述巨人、仙子、女巫还有魔毯等故事也是一样的离谱。跟对别的种类的禁欲主义者一样，对真理上的禁欲主义者，我也是无法表示苟同的。人们经常说小孩无法将假象和真实区分开来，然而我不觉得有什么理由可以让我相信这一点。我们相信哈姆雷特并不是确有其人，不过在我们欣赏这出戏剧时，如果有一个人在我们耳边喋喋不休地提醒我们注意这一事实，那我们一定会非常的恼怒。不分青红皂白地提示事实也同样会让孩子感到扫兴，他们绝对不会为自己的想象所蒙蔽。

　　真实是重要的，想象同样也是重要的；然而不管在个体的历史还是人类的历史中，想象都是出现得更早一些。只要物质需求获得了满足，孩子就会觉得游戏远比现实有趣。在游戏里他是国王，确实，他统治自己疆土的权力，尘世间任何帝王的权力都望尘莫及。而在现实中他却不得不按时就寝，还要服从众多的烦人戒律。如果哪个不怎么识趣的大人贸然闯入他调度好的场景，就会激怒他。当他建造了一道即便是最庞大的巨人也不能逾越的高墙，你却漫不经心地一步跨了过去，他就会像罗穆卢斯对瑞摩斯那样怒发冲冠。既然孩子比成人弱小是正常的，而不是病态的，那么他通过幻想来弥补，就同样也是正常的，而不是病态的。游戏不会占去他从事别的可能更好的活动的时间，如果他的一切时间都用在了做正经事上，那么他的精神将会很快地垮掉。我们也许能够让一个耽于梦想的成年人为了实现梦想而不断地努力，然而孩子还不具备实现他本就有权拥有的梦想的能力。他不会将他的想象当作现实的永久替代品，而恰恰相反，他热切地希望一旦有了时机，就让想象变成现实。

把真实与事实混为一谈，是一种十分危险的错误。我们的生活除了受事实的左右，也在为希望所引导；那种只关注事实，而不顾别的东西的真实性，可以说是人类精神的牢笼。只有在梦想被用来逃避和取代改变现实的努力的情况下，才应该被指责；当梦想是一种动力时，它们就是在实现作为人类理想化身的重要目标。扼杀童年时代的想象，简直是让孩子沦为现实的奴隶，就和牢牢拴在地上的牲畜没什么两样，所以想创造出天堂是不可能的。

你可能会说，这固然是千真万确的，不过这和吃小孩的巨人，或者砍了妻子的头的蓝胡子又有什么关系？这些东西难道会出现在你的天堂里吗？想象不是一定要经过净化和升华，才能为任何美好的目标服务的吗？身为一个和平主义者，你怎么能让你那天真无邪的儿子对这些草菅人命的念头乐在其中呢？你怎样证明一种源自人类一定要摒弃的野蛮天性的快感乃是正当的呢？

想必读者会产生这样的疑问。兹事体大，我将试着解释一下我持一种不同的观点的原因。

教育在于培养而非压抑本能。人类的本能是非常模糊的，能够用很多种方法来进行满足。对于大多数的本能来说，要想满足它们是需要某种技能的。板球和棒球能够满足的是同一种本能，不过孩子只会玩他学过的那种。由此和品性方面有关的教育的秘密是，为人提供能够引导他将其本能进行有益的发挥的那类技能。在孩提时代，权力的本能通过当"蓝胡子"的方式获得原始的满足，不过在以后的人生中，是能够发现更高雅的满足方式的，比如探索科学、艺术创作、造就和培养优秀的孩子以及其他无数有益的活动，都是可以的。如果一个人只知道怎样打仗，那么他的权力意志就会让他以战争为乐。然而如果他拥有了别的种类的技能，就能够通过别的方式来获得满足感。但是如果在他还是孩子时，他的权力意志就被扼杀在萌芽状态，他就会变得萎靡懒散，既没有什么善举，也没有什么恶行，他将成为那种"上帝和上帝的敌人都讨厌的人"。世界用不着这种老好人，我们也就不应该费力将孩子培养成这样的人。当孩子年幼而不怎么会伤及别人时，他们想象自己过着远古时代野蛮祖先的那种生活，在生物学上这是非常自然的。只要你能为他们提供获得更高雅的满足所需的知识和技能，就用不着担心他们会在这个水平上裹足不前。我小时候喜欢翻跟头，现在的我再也不翻跟头了，但是我并不觉得这样做有什么坏处。同样，喜欢当蓝胡子的孩子会将这种爱好丢弃，学习用别的方式来寻求权力。如果在童年时期，他的想象力可以通过适合那个阶段的刺激而保持活跃，那么以后当它可以用符合成年人的方式运用时，就会有极大的继续保持活跃的可能性了。在道德观念不能引起响应，并且还不用它们约束行为的年龄段，强行灌输道德观念是徒劳无功的。这种做法只会导致一个结果，那就是厌烦，还有到了这些道德观念能够发挥效用的年龄段后，却对它们无动于衷。

儿童心理学研究对于教育所具有的极端重要性，由此可见一斑。

和儿童早期的游戏相比，后来的游戏不一样的地方在于它们的竞争性越来越强。一开始孩子是独自玩耍的，婴儿想加入哥哥姐姐们的游戏是很难的。不过，一起玩耍要远比独自玩耍快乐，所以一旦前者成为可能，那么后者立刻就索然无味了。英国上层阶级的教育始终将学校里的游戏赋予了极大的道德意义，我认为英国人的这种传统观念是有一点夸大其词的，即便我承认游戏具有一定的重要价值。游戏对于健康是有好处的，只要不是太过专门；如果一味注重特殊的技巧，最好的玩家们就会争相炫技，别的人就只能退后成了看客。游戏让孩子们学会以精疲力竭为乐事，以忍受伤痛为常事。不过人们通常说的游戏的别的好处，我觉得大部分都是子虚乌有的。据说游戏能够教人学会合作，然而事实上游戏只是教人用竞争的形式进行合作。战争需要这种形式的合作，而工业生产或者正常的社会关系却不需要。不管是在经济还是国际政治上，科学已经在技术上让合作将竞争取而代之成为可能；与此同时，科学也使（战争形式的）竞争的危险性比过去更高了。因此，培养人们追求以自然界为"敌人"的合作性事业，而不是热衷人类间的成王败寇的竞争性事业，就显得尤为重要了。

这一看法我不想过多地强调，因为竞争是人性使然，一定要有表现的机会，但是除了游戏和体育比赛，无害的竞争就很少了。这是一个不能将游戏取消的有效理由，不过不是将游戏奉为学校课程的重头戏的有效理由。让孩子们玩耍是因为他们喜欢玩耍，而非因为当权者觉得游戏能够将日本人所称的"危险思想"消除。

我讨论了很多克服恐惧和培养勇气的重要性，但是勇敢绝对不能和蛮横混为一谈。蛮横是通过把自己的意志强加给他人，以此为乐。勇敢则不一样，是把个人的安危置之度外。如果有这样的机会，我要教孩子们从高处跳水，在惊涛骇浪中驾驶小船，驾驶汽车甚至飞机。我要像奥多的桑德森那样，教孩子们制造机器，并在科学实验里面探索。我会尽可能地以无生命的自然界作为游戏中的对手，在这种竞赛里面，权力意志也能像在跟别人的竞争中那样，获得满足感。通过这种方式得到的技能，要好于板球或足球技能，由此发展出的品性，也是更加符合社会道德的。

这里抛开道德品质不谈，对体育的崇尚，意味着对理智的轻视。因为愚昧，因为当权者的不重视或不促进理智，大不列颠正在将其工业地位一点点丧失，也许还把帝国的头衔丢掉。这些，体育运动至上的狂热信念实在难脱干系。当然还有更深层的原因，那就是相信年轻人的体育成绩能够检验其价值，这表明我们普遍不明白要用知识和思想来驾驭复杂的现代世界。

学校里的游戏还有一个常常受人称道，但是在我看来大体上不好的方面，我指的是它们可以有效地增进团结。团结是当权者所好的，因为团结让他们可以从坏的动机出发，从事那些被认定为是好事的活动。如果要人们付出努力，通过鼓动超越别的某个团体的欲望来激发努力就很容易了。比较难的，是无法为非竞争性的努力找到动机。竞争性动机对我们一切活动的渗透之深着实令人吃惊。如果你想说服某市提高对儿童护理的公共供给，就得指出相邻某市有着更低的婴儿死亡率。如果你想说服某厂商接受一种明显更加先进的新工艺，那就一定要强调一下竞争的危险。如果你想将陆军部说服，说高级指挥官有掌握一些军事知识的必要——不，这是办不到的，即使抬出来战败的恐惧也是无法说服的，因为军队中的"绅士"传统是如此的强大。促使人们为了建设本身而建设，或者让人们在即便不会有人受损的情况下也能积极高效地工作，这方面暂时还没有什么可行的举措。和学校里的游戏相比，我们的经济体制和这一点的联系更加密切。现在学校里的游戏体现的是竞争精神。如果要用合作精神取而代之，就必须要改变学校里的游戏。不过展开这个话题，会让我们离题太远。我考虑的并非如何建设美好的国家，而是在国家目前的情况下，尽可能地培养美好的个人。个人的改善和社会的改善应该齐头并进，不过在教育问题上，我更关注个人。

第五章

建　设

我们已经清楚，儿童的本能欲望是模糊的；教育和机缘能够让它们转入诸多不同的轨道。不管是旧时的原罪观，还是卢梭的性善论，都是和事实相违的。天生的潜质在道德上是中性的，在环境的影响下，既可以成为善，也可以成为恶。对这样的情况，我们有理由保持一种清醒的乐观，除了病态的情形以外，大部分人的天性一开始都可以发展为良善的形态；只要在刚出生的头几年做好心理还有生理卫生保健，病态的情形能够变得少之又少。

适当的教育能够让顺乎本性的生活成为可能，不过这种本性是经过训练和修养的，而不是纯粹天赋的未成形的原始冲动。可以有效地塑造本能的是技能，即只提供特定满足感的技能。一个掌握了正确技能的人就会变得高尚；获得错误的技能或者毫无一技之长，就会变得卑劣。

这些一般性的说法对权力意志来说特别合适。我们都希望有所成就，不过就权力欲来说，成就的是什么我们并不介意。泛泛地说，成就越难以实现，就越能够带给我们喜悦。人们喜欢使用飞蝇钓法，因为它难度颇大；孵卵之鸟人们是不屑射击的，因为这易如反掌。我举这些作为例子，是因为人们单纯地将其作为娱乐活动，没有其他的动机。不过同样的原理是能够普遍适用的。掌握了欧氏几何，我就不再喜欢算术；掌握了解析几何，我就不再喜欢欧氏几何了，其余也是以此类推。一开始可以让孩子感到开心的是行走，接着是奔跑，然后是攀爬和跳跃。已经驾轻就熟的事不会再让我们感受到权力感；只有刚刚掌握的技能，或者是拿不准的技能，才可以让我们感受到成功的喜悦。这就是无论学习什么类型的技能，权力意志总能不断适应的原因所在。

建设和破坏都能够满足权力意志，不过一般来说建设更难。所以人们在这方面获得成功时，满足感也是更强的。我没准备对建设和破坏进行严格精确的定义。在我看来，大体来说，当某一系统是我们的兴趣所在，增强这一系统的潜能即建设，而削弱这一系统的潜能即破坏。或者换一种心理学意味更浓的说法：建设即产出预想的结构；破坏是释放自然力去让现存的结构得到改变，同时对得到的新结构没有任何兴趣。无论如何看待这些定义，我们实际上都清楚某种活动该被认定为建设还是破坏，除了在极少数的情形下，有人宣称破坏是要为了重建，而我们又无法摸清他的虚实。

因为破坏往往更容易，所以儿童的游戏往往从破坏开始，然后才会过渡到建设阶段。在沙滩上，孩子喜欢让大人用水桶造出一处像布丁似的沙堆，然后再把它们铲平。但是一旦他可以自己造出这样的沙堆，就会对此乐此不疲，并且不让别人把它们毁掉。在孩子刚接触积木时，他喜欢把哥哥或姐姐搭成的积木塔推倒。但是他自己学会了搭积木后，就会对自己的作品表现得骄傲无比，从而再也不能容忍看见他的建筑成就被夷为一堆废墟。让孩子喜爱游戏的那种冲动，在这前后两个阶段并没有什么区别，但是这种冲动所产生的活动却因为新的技能而发生了变化。

很多美德就是用对建设的快乐体验作为开端。当孩子恳求你，把他建造的东西保留下来，你就容易让他明白他也不应毁坏别人建造的东西的道理。利用这样的方式，你就可以让他学会尊重劳动成果，这是私有财产唯一对社会无害的来源。你也要鼓励他们保持耐心、坚持不懈，还要注意观察；如果缺乏这些品质，他想把积木塔搭到他一心向往的高度是很难的。在和孩子一起玩时，你只要做到能够激起他们的进取心，并且清楚示范事情的做法就可以了；剩下的建设，应该留给孩子们自己去努力完成。

如果孩子来到了花园，那么这正好是教给他一种更复杂的建设形式的机会。孩子刚进入花园时，会情不自禁地折下每朵动人的花儿。通过禁令来制止这种行为固然不难，然而只是禁止还不足以构成教育。成人不会随意采摘，是出于对花园的爱护，而我们希望孩子也会拥有这种爱护之心。成人爱护花园，是因为他们清楚为了得到眼前怡人的景象，付出了多少劳动和心血。在孩子 3 岁时，可以将花园的一角划给他，鼓励他在里面撒籽播种。待到种子破土而出并开花，他会感觉自己栽出的鲜花美好而珍贵，这样他就能懂得了，母亲种植的花朵一样也应该得到他的悉心呵护。

要想杜绝不自知的残忍，最容易奏效的办法是培养建设和护生的兴趣。几乎所有的孩子到了一定年龄，都会产生打死苍蝇和别的昆虫的念头，这种念头会发展为对动物乃至人的杀心。在英国上层阶级的普通家庭当中，击杀禽鸟是一件大可标榜之事，在战争中杀人则被当作最崇高的天职。这种态度是和未经教化的本能相吻合的：没有任何建设性的技能，所以权力意志没有得到良性展现的人就会形成这样的态度。他们可以杀死雉鸡，可以欺凌自己的佃户；一旦时机来临，他们也可以射杀犀牛，可以射杀德国人。然而他们根本不具备更为有益的技艺，因为在他们的父母和教师看来，让他们成为英国绅士就可以了。我不认为这些人天生就比其他的孩子愚笨。他们后来人生中的缺陷，完全是糟糕的教育的结果。如果从小就对他们进行引导，让他们怀着爱意对生命的历程进行观察，从而体会到生命的价值；如果他们掌握了各种建设性技能；如果让他们明白殚精竭虑、慢慢熬出来的成果，可以轻而易举地就毁于一旦，从而心存敬畏——如果他们早年的道德教育中有了这些内容，他们就不至于肆无忌惮地对别人如此这般创造或爱护的东西进行破坏了。在成年人的生活中，只要充分唤起了本能，在这方面最能给人教益的，是亲子关系。不过这种关系很少出现在富人的身上，因为他们都雇用专业人士照看自己的孩子，因此，在他们成为父母之前，我们就得着手消除他们的破坏性倾向。

只要是雇用过无知女佣的作家都清楚，她们非常愿意用作家的手稿生火，而且难以阻止这种做法（公众可能也希望无法阻止）。作家的同行——就算他是妒火中烧的仇敌，也不会考虑做这样的事，因为经验让他了解手稿的价值。类似地，自己家里有花园的孩子不会踩踏别人的花圃，孩子自己养宠物可以教他尊重动物的生命。任何一个为自己孩子操劳过的人，大概都知道尊重人的生命。正是为孩子付出的辛劳产生了强烈的父母之爱，那些逃避这种辛劳的人，他做父母的本能多少会有一些退化，留下来不过是一种责任感罢了。自身的建设性冲动获得了充分发展的父母，则为自己孩子操劳的可能性更高，因此，也特别值得对教育的这一方面留心。

我所说的建设性，并不是只想着物质建设。一些活动，比如表演、合唱之类的需要合作性的非物质建设，这一类活动吸引了为数众多儿童和青年，而且应该予以鼓励（虽然不应该强迫）。甚至即使在纯粹理智的事务中，也可能存在建设和破坏之分。传统教育差不多彻底是批判性的，孩子要学会避免犯错误，并鄙视那些犯了错误的人。这通常会导致一种冷酷的正确，创造被对权威的尊崇取代。正确的拉丁文只要确立了，就是永远正确的，那就是维吉尔和西塞罗所使用的拉丁文。正确的科学则持续地更新，并且那些具备才能的年轻人能够期待自己在这个过程中有所作为。这样，和学习古典语言所产生的态度相比，科学教育所产生的态度大概更有建设性。只要是以避免犯错为宗旨，教育就很容易培养出一类理智上冷血的人。运用知识大胆求索，应该将这样的希望寄托在一辈具备能力的年轻人身上。人们通常以为高等教育传授的东西和规矩差不多，也就不过是一些否定性的准则。遵守它们，就能够不出现失礼。建设性在这样的教育里遭到了遗忘。或许正如所料，这样培养出的那类人一般都谨小慎微、因循守旧，还会斤斤计较。要避免发生这样的事，就应该以积极的成就作为教育的目的。

在后期的教育中，应该将社会化的建设激发出来。我是指应该鼓励那些有足够才智的人，合理地运用他们的想象力，来思考怎样更加有效地利用现存的社会力量或创造新的社会力量。很多人都读过柏拉图的《理想国》，然而他们没有在任何点上将它联系上现行的政治。在我指出1920年的俄国所拥有的理想，差不多就是《理想国》的翻版时，对此更加震惊的到底是柏拉图主义者还是布尔什维克是一个很难说清楚的事情。人们阅读文学名著，同时没打算探询一下作者通过描绘布朗、琼斯以及鲁宾逊等人物的生活究竟有怎样的深意。阅读乌托邦小说尤其轻松，因为作者并没有和我们说，从我们当前的社会制度怎么通向那乌有之乡。在这些事情上，重要的是拥有正确判断下一步应该如何走的能力。英国19世纪的自由主义者具备这种长处，即便他们的举措一定会导致的最终结果会让他们大惊失色。浑然不觉地支配人们思想的那种意象往往决定了不少的东西。社会制度能够通过多种方式来构想，最常见的有树木式的、机器式的和模具式的。斯巴达社会和传统中国社会属于第一种，这是静态的社会观，人性被注入备好的模具，铸成既定的形状。所有严格的道德或社会习俗多少都包含了这种观念。思想为这种意象所制约的人会有某种特定的政治观——僵化而且顽固，严苛而且强势。将社会构想为机器的人相对地更现代一些，工业主义者属于这个范畴。对他们而言，人性是乏味的，人生目标是简单的———一般是生产最大化。社会组织的宗旨就是将这些简单目标实现。困难在于芸芸众生对这些目标并没有什么兴趣。他们需求的东西总是形形色色、杂乱无章，而在头脑井井有条的组织者眼中，这些东西一文不值。这就迫使组织者退回到模具社会，好能产出能够好他之所好的人类，而这又会导致革命的出现。

将社会制度想象成树木的人所拥有的价值观又是截然不同的。坏掉的机器可以废弃，用别的机器取而代之，但是如果砍倒了一棵树，那么等新的树再长得一样根深叶茂、挺拔高大就遥遥无期了。机器或模具是什么样的式样，根据制造者的选择而定；树木则有它本身的特性，只能使其变成好的或者坏的树罢了。适用生物的建设性和适用机器的建设性是存在区别的，生物有一些比较低级的机能，还需要某种同情。所以在孩子学习建设的过程中，他们不只是需要通过机械和积木来进行练习，也应该有通过植物和动物进行练习的机会。从牛顿时代以来，物理学就主宰了我们的思想，而到了工业革命之后，我们的事件也被它左右了；这带来了一种非常符合机械论的社会观。生物进化论提出了很多新的观念，然而自然淘汰的说法又让这些观念失色不少，我们应该致力于利用优生、节育还有教育，让人类事务避免被自然淘汰。树木式的社会观要比模具式或机器式的社会观好，不过它还是存在缺陷的。为了弥补缺陷，我们的目光应该转向心理学。心理建设是一种特殊而又全新的建设，目前我们对其还处在所知甚少的状态。它对于建立教育、政治以及所有纯粹人类事务的正确理论，都是非常重要的，民众的想象也应该由它所主导，这样他们就不会为错误类比所误导。有些人对人类事务中的建设性十分恐惧，因为他们担心建设一定是机械式的，所以他们就信奉无政府主义和"返璞归真"。在本书中，我试图用具体的例子说明心理建设和机器制造的区别。应该在高等教育中使人熟知这种观念富于想象力的一面，如果这一点能够做到，我相信我们的政治将不再生硬、苛刻，同时又具有破坏性，而会变得灵活而且科学，以培养出优秀的人才为己任。

第六章
同伴的重要性

迄今为止，我们一直讨论的是，在培养孩子的正确品性上父母和教师可以做些什么。但是有许多事情，如果没有别的孩子的帮助，是无法完成的。随着孩子的年龄越来越大，这一点变得尤为正确。事实上到了大学阶段，同龄人比之前任何一个时期都重要。在出生之年的头几个月，别的儿童根本无关紧要，到最后 3 个月，他们才会为婴儿带来一点点的好处。在这个年龄段，对婴儿有好处的是年龄稍微大一些的儿童。家中的头一个孩子在学习说话和走路上，一般要比后来出生的孩子慢一些，这是因为成年人的这些技能非常完善，以至于儿童难以模仿。对于 1 岁的儿童而言，3 岁的儿童是个比较合适的模范。这不仅是因为后者所做的事情前者也非常想做，也是因为后者的能力在前者看起来，并不是那么的遥不可及。儿童会认为和成年人相比，别的儿童与自己更相似，所以这些儿童的行为更能将他们的进取之心激发出来。这种早期教育的机会，也只有家庭才能通过年龄稍微大一些的儿童提供。大部分能够选择和谁玩耍的孩子，都会愿意和比自己大的孩子玩，因为这让他们觉得"显耀",不过这些比他们大的孩子,又在想和比他们更大的孩子玩耍,以此类推。

这样最终的结果是,在学校里,或者在贫民区的街上,在随便哪个能够让孩子选择玩伴的地方,孩子们差不多都是在和自己的同龄人一起玩耍,因为大孩子都不愿意与比自己小的孩子玩。于是,小一些的儿童要想从大一点的儿童那里学习东西,就得主要在家里了。这样就产生一个问题,也就是任何一个家庭,都一定会有一个最大的孩子是不能在这种方法里获益的。而随着家庭的规模越来越小,也就有越来越多的孩子成了家中最大的孩子,所以前面说的这个缺点也就越来越严重。在某些方面,小家庭是不利于儿童的成长的,除非通过幼儿园来进行弥补。

年纪大一点的儿童、小一点的儿童还有同龄的儿童都各有其作用,不过因为刚才所说的原因,年纪大一点的和小一点的儿童的作用主要限于家庭之内。年纪大一点的儿童的一大作用是提供可学习的榜样。孩子为了证明自己具备加入大孩子游戏的资格,愿意付出巨大的努力。大孩子的举止自然随意,不会有成年人与儿童游戏时一定会有的那种分寸和假装。如果成年人缺乏分寸,那么游戏对孩子而言就会变得痛苦,第一是因为成年人具有绝对的力量和权威,第二是因为成年人之所以参与游戏,是为了让孩子而不是自己高兴。孩子总是乐于服从姐姐或者哥哥,却无法用同样的方式服从大人,除非受到了大人的严厉管教。处在次要的地位与人合作,最好是从其他儿童那里学习这方面的经验;如果成年人打算教会孩子这一点,那么他们将面临陷入进退两难的危险境地，也就是无情和虚伪——如果他们要求真正的合作，那就会显得无情；如果表面的满足就可以让他们满足，那么就会显得虚伪。我的意思并不是要始终避免真正的合作或者伪装的合作，我的意思是说和大小孩之间的合作相比，这样的合作缺少自发性，所以难以长时间地合作，也不能做到让双方都愉快。

在整个青少年时期，年龄稍微大一些的孩子在教育上可以持续发挥一种特殊的作用——这里指的不是正式的教育，而是那种上学时间之外发生的教育。年龄稍大一些的孩子在这一时期依然始终是进取心十分有效的刺激因素，而且如果他们的关系友好，那么就可以比成年人更好地答疑解惑，因为对于克服困难他们还是记忆犹新的。甚至在大学时代，我还可以从比我年龄大几岁的人那里学到不少的东西，而这些是不能从尊贵的、令人敬畏的先生那里学来的。我确信，大学里的集体生活只要不是过于严格地按照"年级"来划分，我这样的经历就是普遍存在的。当然，就像常常发生的，如果在那些高年级学生眼中，与低年级学生来往是纡尊降贵，那么就不可能有这种经历了。

年龄小一些的儿童也有其用处，特别是在3岁到6岁之间的；他们的作用主要关于道德教育。孩子只要和成年人在一起，就没有实践重要美德的机会，也就是强者对待弱者时所需要的那些美德。一定要教育孩子不要强抢弟弟或妹妹的东西；如果弟弟或妹妹不小心碰倒了他的积木，也不要过分地恼火；如果有谁想玩他闲置的玩具时，也不要藏起来不给。一定要告诉他，弟弟或妹妹是非常容易因为粗鲁的对待而受到伤害的，如果蛮横的他弄哭了他们，就要想方设法让他觉得内疚。为了保护年龄小一些的孩子，父母可以突然声色俱厉地斥责年纪大一些的孩子，这种做法在平时虽然是不合理的，不过在这种情况下却是非常有用的，因为突如其来的斥责能够让孩子留下深刻的印象。所有这些都是有益的教训，基本不可能用别的方式自然地传授。对孩子进行抽象的道德教育是一种愚蠢的做法，而且将是徒劳无功的，一切这方面的教诲都一定要是具体的，并且还要是当时的情境所实际要求的。很多事情在成年人看来是道德教育，但在孩子看来，它们和指导怎样使用锯子并没有什么两样。孩子会认为大人是在向他示范某件事怎样做。这就是榜样为什么这样重要的原因之一。孩子看见了木匠干活，就会试着模仿他们的动作；孩子看见自己的父母总是和气而体恤，也会努力在这方面学习仿效。在一切情形中，威信都和孩子想要模仿的东西有关系。

如果你煞有介事地教孩子锯子怎么使用，自己却总在拿它当斧头使，那么你就永远都不能让他成为一名木匠。同样的道理，如果你敦促他对自己年幼的妹妹要善待，而你自己却都做不到善待她，那么你一切的教导都将付之东流。所以，当你不得不做一些会弄哭幼儿的事情时，比如为他擤鼻子，就应当认真地向年龄大一些的孩子解释一定要这样做的原因。否则，他非常有可能会奋起保护年龄小一些的孩子，十分激烈地反对你，让你停止在他眼中的"残忍之举"。倘若你任由他留下你是残忍之人的印象，你在抑制他趋于专横的冲动时，就会感到力不从心。

即使大一些的和小一些的孩子都非常重要，不过同龄人还是重要得多，至少在4岁以后是这样的。怎样对待和自己差不多年纪的人，这是最需要学习的。现实世界中的不平等大部分都是人为造成的，假如我们的言行举止可以不受其影响，则善莫大焉。有钱的人在他们的厨师面前自视甚高，所以不像他们在社会中所表现的那样来对待厨师。然而在一位公爵面前，他们又会自惭形秽，从而用一种没有自尊的方式对待他。这两种态度都是错误的，无论对方是厨师还是公爵，都应该做到平等视之，平等待之。在青少年时期，年龄可以导致一种非人为的等级观念；也正是因为这个，未来生活所需要的那些社会习惯，最好还是通过和同龄人的交往来获得。任何一种游戏，都是在同等的人之间进行才是最适合的，学业上的竞争也是一样。在同学里面，一个男孩所具有的重要程度要从大家的评判中来看，他也许受到大家的钦佩，也许遭到了大家的轻视，这由他自身的品性和能力所决定。父母舐犊情深，造就了太过宽纵的环境，而如果父母铁石心肠，则会造成压抑本能的环境。只有同龄人可以在自由竞争和平等合作的氛围里面为本能提供发展的机会。体贴而不卑屈，自尊而不专横，和同龄人交往是学习这些品质的最好的渠道。因此，无论父母怎样煞费苦心，也无法让孩子在家里可以获得在一所好学校所可以获得的益处。

除了上面的这些考量外，还有一个可能更加重要的考量。孩子的心灵和身体都需要众多的游戏来进行训练，而在最开始的几年，如果没有和别的孩子一起，孩子要进行令人满意的游戏就很难了。不怎么游戏的孩子会变得不自然和神经质，他的人生会失去乐趣，并且焦虑的情绪会不断滋长。当然，像培养约翰·斯图亚特·穆勒那样来对孩子进行培养也是可能的，比如从孩子3岁开始就学希腊文，而对普通孩子的童年乐趣一无所知。只是从获得知识的角度来看，这种做法可能会取得不错的效果，但是如果从全面的角度进行考虑，那么我对这种做法不敢苟同。穆勒在他的自传里曾经说过，他在年少时差点自杀，因为他想到总有一天所有的音符组合会被用尽，到了那时，将不会再有新的音乐创作了。显然，这样的困扰是神经衰弱的症状。在穆勒后来的人生中，每次遇到一个有可能证明他父亲的哲学可能有错误的论证时，他就会像一匹受了惊的马那样选择逃避，他推理能力的价值因此大为减损。倘若他拥有一个比较正常的青少年时期，那么他的理智可能就会更加具有弹性，这会让他在思想上的独创性更强。不管怎样，这必然会赋予他更大的能力去享受生活。我自己也是孤独教育的产物，这样的教育一直持续到16岁才结束——我所接受的教育，虽然不像穆勒那样极端，但是也是极为缺乏普通青少年所享有的快乐的。在青少年时期，我也曾经历过穆勒所说的那种自杀倾向——我之所以有了自杀倾向，是因为想到我身体的运动为力学定律所控制，这让自由意志沦为纯粹的幻觉。当我开始和同龄人打交道时，才发现自己不过是一个尖刻而又自负的人。至于现在的我在多大的程度上还是这副德性，那就不能让我自己来评判了。

即便有以上这些论据，我还是打算承认，相当一部分的孩子不应该上学，而且其中还有一些是非常出色的人才。如果一个男孩在某些方面拥有超常的智力，但是严重神经过敏、体质孱弱，那么他基本很难融入一群正常的男孩里面，而且很有可能会被逼至癫狂。非凡的能力总会联系上精神异常，在这类事例里面，采用对普通男孩有坏处的教育方法就是可取的。应该注意查明反常的精神敏感是不是有确定的病因，并且应该耐心地努力将其治愈。然而这些努力绝对不应该让孩子遭受巨大的痛苦，比如一个表现异常的孩子非常容易遭到野蛮同伴的欺凌。在我看来，这类敏感一般来自婴儿时期的某些差错，这些差错让孩子的消化系统或神经系统受损。只要能够得到明智的照料，我认为差不多一切婴儿都会长成完全正常的孩子，从而能够享受和别的孩子做伴的快乐。即便是这样，还是会出现某些例外，而且这些例外很容易在那些具有某种天赋的孩子身上发生。就这类罕见情形来说，学校教育是不可取的，让孩子度过一个深居简出的青少年时期，才是更加适合的。

第七章
爱与同情

　　截至目前，我始终避而不谈爱，有很多读者可能对此大惑不解，因为从某种意义上来说，爱正是良好品性的本质所在。在我看来，爱和知识是和正确行为有关的两项核心要素，但是在讨论道德教育的过程中，我一直对爱缄口未提。我之所以这样做，是因为只要恰当地培养不断成长的孩子，他就应该水到渠成地拥有正确的爱，而不会刻意地追求。哪种爱是好的，以及不同年龄段适合什么性情，我们一定要做到了然于胸。从 10 岁或 12 岁直到青春期的男孩往往十分地缺乏情感，这属于天性使然，再如何强迫也是白费力气。和成年以后相比，整个青少年时期显现同情的机会是比较少的，原因有两个：首先是因为缺少可以有效表达同情的能力，其次是因为年轻人还要考虑自己的生活训练，这让他们很大程度上没有经历顾及他人的利益。因此，我们更应该注重培养饱含爱心、富于同情心的成年人，而不是在人生的最初阶段就对这些品质揠苗助长。和品性教育中的一切问题类似，我们这里遇到的问题也是一个科学问题，它所属的范畴也许可以称为"心理动力学"。爱作为一种义务而存在是不可能的：跟一个孩子说，他应当爱父母和兄弟姐妹，这样即便没有害处，也是完全没有益处的。父母如果希望能够得到子女的爱戴，一定要通过自己的言行举止来激发爱意，还一定要努力赋予他们的孩子那些可以产生丰富情感的身心特性。

家长不仅是绝对不能命令孩子来爱他们，而且他们无论做什么事，都绝不能是为了获得这种爱。这方面，最深切的父母之爱和两性之爱是不一样的。在本质上，两性之爱要寻求一种回应，这非常正常，因为如果没有回应，它就实现不了其生物学功能。然而父母之爱的本质并不是寻求回应。自然而纯粹的父母本能对于孩子的感受，就好像孩子是父母自己身体的一部分所外化而成。如果你的大脚趾受了伤，你会出于自身利益而护理它，而不会盼着它对你有感激之情。我认为，就算是在人类还没有开化的时候，一个女性对她孩子也有着极为类似的情感。她希望自己的孩子幸福，就像希望自己幸福一样，在孩子还非常幼小的时候更是如此。照料孩子就和照料自己一样，她不会产生什么额外的自我牺牲感，也正因为这样，她也不会期待孩子的感激。只要孩子还不能够自理，被孩子需要就是使她心满意足的回应。之后，随着孩子越来越大，她对孩子的情感弱了，对孩子的要求却可能多了。在动物的世界里，幼崽长成之日，就是父母之爱终止之时，再也不会提出什么要求，然而在人类这里却不是这样，即便是在他们还特别原始的时候。一个强壮的战士，他的父母年老体衰了，他们就指望儿子来保护、赡养他们。埃涅阿斯和安喀塞斯的故事也表现了这种情感，不过是文明程度更高而已。

随着先见之明的不断增长，为了自己老有所依，人们越来越倾向于利用子女对自己的爱。这样也就有了孝道，世界各地都有，还包含在摩西十诫的第五诫里面。随着私有财产制度和部门化政府的发展，孝道的重要性有所降低；再过若干个世纪，当然人们懂得了这一事实，孝道作为一种情感也就过时了。在现代社会，一个 50 岁的人在经济上没准还要依靠他 80 岁的父母，所以重要的还是父母对子女的爱，而不是子女对父母的爱。当然，这一点主要适用的是有产阶层，工薪阶层里有的还是那种旧的关系。不过哪怕是工薪阶层，因为实行养老金还有一些类似的措施，旧的关系也正在逐渐发生变化。因此，孩子对父母的爱不应该再算作一项基本美德，而反过来，父母对孩子的爱十分重要。

还有一类危险因为为精神分析学家所研究，而十分著名，虽然在我看来，他们对相关事实的解释并不是那么的站得住脚。我所提到的危险，和子女对父亲或母亲过度的依恋有关系。成年人乃至青少年，都不应该始终被父亲或母亲所庇护，以至自己都无法独立思考或感受。如果父母的个性比孩子强势，就很容易发生这种情况。极少数病态的例子除外，我是不相信有所谓的"俄狄浦斯情结"的，也就是儿子对母亲还有女儿对父亲的特殊爱慕的情。如果说存在来自父母的过度影响的话，那么也属于父母里和孩子接触较多的那一方——一般是母亲，这和性别的差异没什么关系。诚然出现这样的情况也是有可能的：如果女儿讨厌母亲，又很少见到自己的父亲，她就会将父亲理想化。不过在这种情况里面，施加影响的是幻想，而非父亲本人。所谓的理想化，不过是找个借口来表达自己的愿望：借口不过是权宜之计，和愿望并没有什么本质上的联系。父母的过度影响与此有着截然的差别，因为和它有关系的是现实中的人，而非某个虚构的形象。

和孩子朝夕相处的大人非常容易在孩子的生活里面占据主导地位，让孩子成为他精神上的附庸，甚至在孩子后来的人生中依然这样。这种依附可以是理智上的依附，也可以是情感上的依附，或者这两者兼而有之。前者，可以举出一个突出的例子，就是约翰·斯图亚特·穆勒。他不管怎样，都不会承认他父亲可能会犯错误。从某种程度上说，理智为早年的环境所限制是一种常态；能够在见解上超出父母或教师的教导的成年人极少，除非他们被某种大的潮流挟裹其间，才有可能改变观念。也许会有人认为理智上的依附是自然而正常的，我个人则更倾向于承认，只能通过特殊的教育来避免这种情况。应该小心提防家庭和学校的这种过度影响，因为在一个日新月异的世界上，拘泥于老一代的观念是非常危险的。但是暂时我只讨论情感和意志上的依附，因为这跟我们眼下的话题的关系更加接近一些。

精神分析学家在"俄狄浦斯情结"（在我看来这个叫法让人误解）名下所讨论的那种罪恶，源头在于父母过分地希望子女回应他们的情感。就像我上面所说的，我认为纯粹的父母本能是并不要求情感的回应的；孩子的依赖还有他们向父母寻求食物、寻求呵护等事实，就可以让其获得满足。如果这种依赖性消失了，那么父母之爱也就随之消失了。动物当中的情形就是这样的，这已经可以彻底地满足它们的需要了。但是人类却几乎没有可能拥有这般朴素的本能。我前面已经分析过军事和经济因素的影响，比如和孝道有关的说教所表明的。眼下我要关注的是，父母本能的运作中，两种纯粹心理方面的混乱根源。

如果出现了理智服从于源自本能的快乐时，就会出现第一种混乱。大体上来说，本能促进的是具有积极结果的快乐行为，然而行为的结果并非一定是快乐的。吃饭是快乐的，然而消化并不快乐——特别是消化不良的时候。性爱的过程是快乐的，然而分娩的过程并不快乐。柔弱的婴儿是惹人喜爱的，但是长大成人、强壮独立的儿子则不再讨人喜欢。那种具有原始母性的女性从哺乳期的婴儿那里收获了最大的快乐，然而随着孩子的自理能力提高，这种快乐也在逐渐减少。所以，为了自己可以获得快乐，她们倾向于将孩子的依赖期延长，并推迟孩子能够告别父母指导的时间。比如"被拴在了他妈妈的围裙带上"这一类的俗语，就是这种情况的反映。过去的人们认为要想将男孩身上的这种陋习克服，一定要把他们送往学校。而如果是在女孩身上，那么就不会被视为一种陋习，因为人们认为女孩变得柔弱和顺从未尝不是一件好事（如果她们是一位富家千金），并希望她们在结婚以后，也能依附于丈夫，就像之前依附于父母那样。

不过，很少出现此类情况，这种不如愿也是关于"丈母娘"的笑话的根源。笑话的目的之一是阻止思考，而这类特殊的笑话更是十分成功地实现了这个目的。仿佛没人意识到，一个被养育成顺从之人的女孩，她所最为依赖的人自然是她的母亲，以至于她无法全心全意地和一个男子结成伴侣，而幸福婚姻的本质之一正是专一。

第二种心理混乱和弗洛伊德学派的正统观点更接近。它的产生根源是因为父母之爱包含了适合于两性之爱的成分。我指的并不是任何一定依赖于性别差异的东西，指的只是对于某种特定情感反映的期望。想要成为某人心目中的唯一，并感到对世上至少某个人的幸福来说，自己比任何别的人都更重要，这恰恰是性心理学的一部分——事实上，正是这个部分让一夫一妻制成为可能。当这种欲望缔造了婚姻，只有实现若干别的条件以后，幸福才能产生。因为这样那样的原因，文明国家里绝大多数的已婚妇女都没有满意的性生活。如果一位女性自身发生了这种状况，她会倾向于从孩子身上寻求一种虚假、不当的欲望满足，然而只有男性才可以充分而自然地让这种欲望得到满足。我指的并不是任何显著可见的东西，而是某种紧张情绪、热烈感受、亲吻的愉悦还有过分的爱抚。过去一直觉得这些是母亲表示对孩子的疼爱的、非常正常而且合适的表现。确实，什么是正常的，什么是有害的，这两者之间的差别十分微妙。认为父母完全不应该亲吻和爱抚自己的孩子，就像某些弗洛伊德主义者主张的那样，未免有些荒谬。孩子有从父母那里获得温馨关爱的权利，这能让他们获得一种快乐、无忧无虑的世界观，同时，这也是发展健康的心理所不可缺少的。然而，在孩子的眼中，这种关爱应该是像他们呼吸的空气那样是理所当然的事物，而不是什么需要他们做出回应的东西。事情的关键就是这个回应。孩子会有某种自发的回应，这非常好，但是它和主动追求小伙伴们的友谊完全不一样。从心理学的角度来说，父母应该成为背景，孩子的举动不应该是为了取悦父母。父母应该在孩子的成长和进步中获得快乐；孩子通过回应给予父母的任何东西，都应该怀着感激之情去接受，作为纯粹的额外收获，就像春天里的好天气一样，而不应该期盼，好像这是天经地义的事情。

在性方面无法获得满足的女性，是很难成为幼儿的理想母亲的，也很难成为理想的教师。无论精神分析学家会如何说，父母本能本质上和性本能是不一样的，而且会因为适合于性的情感因素的干扰而受到影响。在心理学上，雇用独身女教师的习惯是大错特错的。这样的女性不适合和孩子打交道：她本能不会从孩子那里寻求对自身的满足。婚姻幸福的女性水到渠成地适合与孩子打交道，别的女性如果要做到这一点，则需要具备一种微妙的、几乎不可能拥有的自制力。当然，在同样的情形中的男性也适用同样的东西，不过男性身上很少出现这种情形，一则因为他们的父母本能一般不那么强烈，二则因为他们出现欲求不满的情形极少。

我们能够期望孩子以什么样的态度对待父母？对于这个问题，我们同样要做到心中有数。如果父母给予自己的孩子正确的关爱，孩子的反应就会恰如父母所愿。父母来了孩子就非常高兴；父母走了孩子就非常难过，除非他们正聚精会神地玩游戏；只要是遇到了身体或心理上的问题，他们就会求助自己的父母；他们敢于冒险，因为他们背后有靠山——父母的保护——不过除非在危险关头，这种感觉基本上是意识不到的。他们期待父母回答他们的问题，消除他们的疑惑，并帮着他们将困难的工作完成。父母为他们所做的事，大部分他们都不会意识到。他们喜欢自己的父母，并非因为父母为他们提供吃和住，而是因为父母陪着他们玩游戏，教他们做新东西，还给他们讲关于世界的故事。他们会一点点地意识到父母对自己的爱，不过这应该被当作是理所当然的事。他们对父母的情感和对其他孩子的情感属于截然不同的种类。父母的行动应该考虑孩子，而孩子的行动则应当考虑自己还有外部世界。这里面的区别是本质的。孩子在对父母的关系上不用履行什么重要的职责，长身体、增才智就是他的职责，他只要这样做，健康的父母本能就会获得慰藉。

如果我上面的论述传达了这样一种印象，即我试图减少家庭生活中爱的分量或者爱的自然表现，那么我应该道歉。我绝不是这个意思。我想说的是爱有着不同种类，夫妻之间是一种爱，父母对孩子也是一种爱，孩子对父母又是另一种爱。将这些不一样种类的自然情感混为一谈是有坏处的。在我看来，弗洛伊德学派在这个问题上并没有掌握真理，因为他们并不承认这些情感在本能上是存在差别的。这让他们在亲子关系上持某种禁欲的观点，因为亲子之间的任何一种爱，都被他们视为是不适当的两性之爱。我相信，除非是处在特别艰苦的环境，否则并不用什么重大的自我克制，一对相爱的夫妻和他们的孩子就应当可以遵从内心的意志而自然地行动。他们需要很多的思想还有知识，这些能够通过父母之爱来获取。应该是夫妻之间才能相互给予的东西，绝对不能转变为对孩子的要求；如果他们相互都觉得幸福，也就不会产生这样做的冲动。得到了父母恰当照料的孩子，会对父母产生一种自然的爱，这种爱对他们的独立并不会构成障碍。所需要的并非禁欲式的自我克制，而是本能的自由与扩展，当然，本能还得有理智和知识进行充分的引导才行。

在我儿子2岁零4个月大时，我离家去了美国，而且这一走就是3个月。我没在家的时候，他非常快乐；我回来的时候，他更是欣喜若狂。我看见他站在花园的门口，急不可耐地等着我，他拉着我的手，带着我看各种让他非常感兴趣的东西。我是想听而不想说，他是想说而不想听。这是两种不一样但是十分融洽的冲动。轮到我讲故事的时候，他想听而我想说，所以我们再一次融洽。只有一回情况反了过来。在他3岁半大时我过生日，他母亲和他说，做点什么事儿让我开心开心。他最大的乐趣就是听故事，让我们感到惊喜的是，到了正常听故事的时间，他宣布：因为是我的生日，他要给我讲故事。他一口气讲了十来个故事，然后跳下床宣布："今天的故事讲完了。"这是发生在3个月前的事，不过从这以后，他就再也没有讲过故事了。

我接下来要讨论一个更加宽泛的问题，也就是一般意义上的爱和同情。鉴于父母可能滥用权力，从而导致和孩子之间出现冲突，所以在处理一般问题之前，先来说一说这些冲突还是有必要的。

　　不存在任何方法能够强迫孩子产生同情或爱心，唯一的途径是，对这些情感进行观察是自发地出现在哪些条件下的，然后想办法创造这些条件。毋庸置疑，同情部分是出于本能。孩子如果听见他们的兄弟或姐妹的哭声就会非常着急，常常也会跟着一起哭。如果大人对孩子做了什么不好的事，他们会合起伙来，激烈地反抗大人。有一次，我儿子胳膊肘受了伤需要包扎，他18个月大的妹妹在另一个房间听见他哭也非常难过。她不住地在说："强尼在哭，强尼在哭。"一直到我给儿子包扎完毕。还有一次，儿子看见他母亲在用针挑她脚上的刺，他就着急地说："妈妈，不疼。"他母亲想要告诉他不用大惊小怪，就说疼。他硬说不疼，他母亲则执意说疼。他忽然就小声地哭了，然后又大哭起来，仿佛是在挑他脚上的刺一样。这样的情形一定来自于本能的生理层面的同情，这就是更复杂形式的同情所赖以形成的基础。

　　显然，应该使孩子清楚这一个事实：人和动物都能感觉到疼痛，而且在某些情况下确实会感觉到疼痛；除了这个以外，不需要做别的任何事进行正面教育。但是还有个消极条件：一定不要让孩子看见他尊敬的人的冷酷或残忍之举。如果看见了父亲猎杀动物，或者母亲辱骂女仆，孩子就会染上这样的恶习。

　　什么时候还有怎么样让孩子了解世界上的罪恶，这是个不小的难题。在孩子成长的过程中，不让他知道战争、屠杀、贫困以及可以预防却任其肆虐的疾病是不可能的。到了某个阶段，孩子一定需要了解知道这些东西，并把和这有关的知识和这一坚定的信念结合在一起：施加甚或容许任何本来可以避免的痛苦，是大恶之事。这里我们遇到的问题，和希望保持女性贞操的人所遇到的问题类似，这些人原本以为女性在婚前应该对性一无所知，不过他们现在已经采取了更加积极的做法。

据我所了解，有些和平主义者主张历史教学不要涉及战争，并坚持应该尽量晚地让孩子知道世上还存在暴行。这种以无知为基础的"与世无争式美德"，恕我实在不敢苟同。既然要教历史，那就要实事求是地教。如果真实的历史和任何我们想要培养的道德出现了冲突，那么一定是我们的道德出现了错误，最好摒弃。我完全承认，很多人包括一些品德最为高尚的人都认为说实话多有不便，不过这其实是因为他们德性中存在的某种软弱。那些真正强健的道德，只会因为充分地了解世上所发生的实情而越来越强健。我们绝对不能冒这种风险，那些接受了无知教育的年轻人一旦发现了罪恶的存在后，会欣然转向为非作歹。要想让他们摒除残忍，一定要让他们对残忍产生厌恶；而要让他们对残忍产生厌恶，就要让他们了解残忍的存在。

但是，想找到正确地向孩子传授关于罪恶的知识的方法却不容易。诚然，那些在大城市贫民窟里生活的人很早就对争吵、酗酒、家暴等了如指掌。如果这和别的影响因素相抵消，可能不会对他们造成什么伤害；然而只要是谨慎的父母，绝对不会故意地让年纪小的孩子看见这类景象。我想，反对这么做的一个主要理由是，这类触目惊心的景象，会将孩子以后的整个人生蒙上阴影。一个根本没有任何自卫能力的孩子第一次知道儿童也可能遭遇到虐待时，会情不自禁地感到恐惧。大概 14 岁的时候，我第一次看《雾都孤儿》就无比惊骇，如果我当时的年纪再小一些，肯定难以忍受。

在孩子的年龄大到足可以比较镇定地面对这些恶劣的事情之前，让他们知道这些事情是不合适的。对于不一样的孩子而言，这个时期也是不一样的，有早有晚：和那些性情淡漠或天生勇敢的孩子相比，那些想象力丰富或者生性胆小的孩子的受保护期一定是会长一些的。在让孩子面对冷酷的事物之前，应该先让其牢固地树立因为期望仁慈而无所畏惧的心理习惯。选择时机和方式都需要技巧和见识，这并非一条规则就可以决定的事情。

然而有些原则还是应当遵循的。首先，诸如"蓝胡子"和"巨人杀手杰克"之类的故事，跟任何和残忍有关的知识都完全没有关系，所以不能产生我们现在说的问题。对孩子而言，它们纯属想象，他绝不会以任何一种方式把它们和真实世界联系在一起。毫无疑问，他从中获得的快乐和野蛮的本能有关，不过在柔弱的孩子身上，这些本能无非是些无害的游戏冲动而已；再说随着孩子越来越大，它们会逐渐消失。不过，当第一次向孩子说起现实世界里的残忍之事时，一定要注意选取那些能让孩子把自己和受害者而非施暴者等同起来的事件。如果听到了一个让他能以暴君自居的故事，就会激活他身上的野蛮成分，这类故事容易培养出来帝国主义者。而亚伯拉罕准备祭献以撒的故事，还有母熊杀死受以利沙诅咒的童子的故事，却可以自然而然地引发孩子对别的孩子的同情。如果讲述这类故事，目的应该在表明过去的人沦落到了何等残忍的地步。在我小的时候，曾经听过一次有一个钟头之久的布道，通篇都在证明以利沙诅咒那些童子是正确的。幸好当时我的年龄已经大到足够认定那个牧师是愚蠢的，否则估计我一定会被吓得精神失常。亚伯拉罕和以撒的故事更加恐怖，因为故事里残忍地对待孩子的正是他的父亲。如果讲述这些故事时，带着亚伯拉罕和以利沙是有德之人的预设，那么它们要么对孩子毫无触动，要么会极大降低孩子的道德水准。不过倘若将它们作为人类罪恶的一种引介来讲，那就不无裨益了，因为它们生动、久远，而且还是虚构的。《约翰王》中赫伯特挖掉小阿瑟眼睛的故事，也是同样的道理。

其次，历史教学可能会讲到所有战争，不过这时，应该首先对战败者表示同情。如果是我来教历史的话，我会先将那些让人自然地支持战败者的战争——例如，如果是给英国儿童上课，那不妨讲一下黑斯廷斯战役。我会一直强调战争带来的苦难和创伤，并逐渐引导孩子在阅读和战争有关的内容时，不再觉得有一点的偏向，只是觉得双方都是发脾气的蠢货，应该让保姆抱他们回床上，一直到他们学好为止。我会这样将战争和幼儿园里孩子间的争吵进行类比，利用这种方式，我相信能够让孩子看清战争的真面目，并认识到发动战争是一件愚不可及的事情。

如果有什么残忍或者冷酷的现实事例让孩子注意了，就应该就其展开充分的讨论，运用大人自己赋予这一事例的所有道德价值，并总是给予这样的暗示：那些干出残忍行为的人是无比愚蠢的，他们之所以见识低下，是因为没有获得良好的教养。但是倘若孩子自己没有发现他的现实世界中的这类事情，我就不会主动让他去关注它们，直到他通过历史和故事熟悉了它们，我再一点点地向他提出关于他周遭世界中的罪恶的知识。但是，我要始终让他感到，罪恶是能够被击败的，它的根源是无知、缺乏自制和糟糕透顶的教育。我不会鼓动孩子表示对作恶者的愤慨，宁可将他们视为不知道什么是幸福的笨蛋。

本能上的发端既已存在，培养宽厚的同情心主要就是一个理智的问题：它由对注意力的正确引导，以及对被军国主义者和独裁主义者所掩盖的事实的了解所决定。这个举托尔斯泰对拿破仑在奥斯特里茨战役获胜后巡视战场的描述作为例子。大多数史书上的记载，就是到这场战争的结束，托尔斯泰也无非是多写了半天战场上的事，就呈现出一幅大不一样的战争图景。这是利用给出更多的事实而不是隐瞒事实实现的。适用于战争的东西，对其他形式的残忍也是同样适用的。在一切事例中，应该都没什么强调道德的必要，正确地讲述故事就可以了。不必开展道德说教，就让事实在孩子的内心生发出它们本身所蕴含的道德吧。

关于爱，我还要再说几句，爱和同情是有区别的，它在本质上一定是选择性的。父母和孩子之间的爱我已经说过了，现在我希望思考一下平等地位的人之间的爱。

爱无法被创造，而只能被解放。有一种爱有一部分是扎根于恐惧的，对父母的爱就有这种成分，因为父母为我们提供保护。在童年的时候，这种爱是自然的，不过在以后的人生中，它们就不再是可取的了，而且就算是在童年的时候，对别的孩子的情感也是不属于这种类型的。我的女儿挚爱着她的哥哥，即使他是在她的世界里唯一曾经欺负过她的人。对平等之人的爱，是爱的最好种类，它更可能存在于幸福而没有恐惧的情况下。不管有没有意识，恐惧都非常容易产生厌恶，因为在心怀恐惧的人的角度，别的人都有对自己施加伤害的可能。观察现状我们得知，大部分人因为嫉妒而做不到博爱。我认为，嫉妒只能通过幸福才能避免，道德训练是不能触及其潜意识形式的。而相反，幸福则主要受到恐惧的妨碍。那些拥有幸福机会的年轻人，往往为父母或者所谓的"朋友"所制止，名义打的旗号是道德，其实则是因为嫉妒。如果这些年轻人拥有足够的胆识，就会对那些发牢骚的人表示无视；要不他们就会自甘沦落，和那些存在嫉妒心理的道德家为伍了。我们始终在分析的品性教育目的在于产生幸福和勇气，因此我觉得，品性教育做了为释放爱之源泉所可能做的事。此外，我们任何事都不能再做了。如果你和孩子说，成为一个具备爱心的人是他们的义务，那么你就存在培养出一个虚假、伪善之人的危险。然而倘若你让他们幸福而自由，为他们营造友善的氛围，你就会发现，他们自然而然地善待遇到的每一个人，而且基本所有人都会做出友好的回应。一种亲切而真诚的性格可以证明其自身的合理性，因为它散发着无法抗拒的魅力，并引发它所期待的回应。这正是有望从正确的品性教育中收获的最重要的成果之一。

第八章
性教育

性的话题总被迷信还有禁忌重重包围着，我在讨论这个时颇有一点忐忑。我担心，倘若将我提出的各项原则应用到了这一领域当中，迄今为止始终接受这些原则的读者就会怀疑它们；他们可能已经欣然承认自由和无畏对孩子是有好处的，然而只要一涉及性，他们还是想让孩子保持服从和恐惧。不过我不能因为这个让自己不去相信完全正确的原则，我要拿出对待构成人类品性的别的冲动的态度来对待性。

性有一个无关禁忌的特点，那就是性本能是晚熟的。诚然，就像精神分析学家所指出的（虽然有些夸张），童年时期也并不是不存在这种本能。然而它在童年时期的表现，和在成年生活中的表现完全不一样，力量上要弱很多，而且一个男孩在身体上也做不到以成年人的方式来放纵它。在青春期里充满了严重的情绪危机，这些危机深入影响了智力教育，所造成的妨害为教育者造就了不少的难题。我并不想讲这类问题中的所有方面，青春期之前应该做些什么，是我所主要考虑的。教育改革正是在这个方面最为迫切，特别是在婴幼儿时期。即便在很多细节问题上，我和弗洛伊德学派存在意见分歧，不过他们曾经主张在关于性的事情上错误对待幼儿，会导致以后精神紊乱的出现，我认为这是一个颇有意义的贡献。他们这方面的工作已经产生了普遍有益的成果，不过还是有大量的偏见得克服。当然，因为孩子刚出生后的那几年，主要是由对相关知识基本一无所知的女性来照顾，这种做法让克服偏见的难度大大提高，因为无法指望她们去了解，更无法指望她们能够相信学者们所说的话，而学者们为了避免淫秽的指控，不得不让自己见解的表达冗长而又曲折。

　　我们按照时间顺序来考虑问题，母亲和保姆第一个遇到的问题是手淫。权威专家表示，在 2 岁和 3 岁的孩子身上普遍存在这种现象，不过之后一般会自行消失。有时它会因为某种能够避免的特定身体刺激而表现得更加显著（医学方面的细节不在我的讨论范围内）。不过就算没有这些特殊原因，手淫也是经常发生的。人们习惯视手淫为洪水猛兽，所以要用非常吓人的威胁去制止它。虽然孩子对这些威胁相信了，不过它们一般不会起什么作用，结果就是孩子被令人痛苦的恐惧所包围，这种恐惧没多久就会脱离其始因（这时因受压抑而进入潜意识），不过还会继续引发噩梦、神经质、幻觉还有惊悸。如果听其自然，幼年的手淫显然不会对健康产生不良的影响，也没有发现它会对品行产生不良的影响。在这两个方面所观察到的不良影响，好像可以完全归咎于制止手淫的企图。就算手淫是有害的，发布一项根本得不到遵守的禁令也称不上明智；再说从这件事的性质来看，在你禁止孩子手淫以后，也无法确保他就此作罢。如果你置之不理，这种行为没准很快就停了。

不过如果你进行干涉，那么停止手淫的可能性大大降低，还埋下了严重的神经衰弱的祸根。因此这一方面还是让孩子自便为好，虽然这可能不好做到。我的意思并非除了禁令之外就无计可施了。等孩子犯困了再让他就寝，这样他就不能长时间清醒地躺在床上。把几件他心爱的玩具放在他的床上来分散他的注意力，诸如此类的方法完全可以实施。不过如果它们没有奏效，那也别诉诸禁令，甚至别让孩子注意到他沉溺于这种行为的事实，那么手淫通常都会自行停止。

性方面的好奇心一般萌发在 3 岁的时候，其表现形式是，开始对男女之间还有大人和小孩身体之间的差异感兴趣。本质上，这种好奇心在幼儿期并没有什么特殊性，只是很多一般好奇心中的一种。在依照传统所养育的孩子身上能够见到这种好奇心有了特殊性，这是成年人的故弄玄虚的结果。如果不是神秘莫测，好奇心只要满足了就会消失。应该一开始就允许孩子看见父母还有兄弟姐妹的裸体，只要是在自然的状态下发生的。总而言之，不必大惊小怪，人们对裸体是有感觉的，孩子并不了解。当然，他以后会知道。将会看到孩子很快就可以发现父母之间的那些差异，并把它们和兄弟姐妹之间的差异联系在一起。但是这个主题一旦被探索到这种程度，就像总打开着的橱柜一样，没什么吸引力了。当然，孩子在这个时期里提出的任何问题都一定要做出回答，和回答别的方面的问题一样。

回答问题是性教育的重要组成部分，这里需要贯彻两条规则。第一，回答问题永远都要实事求是；第二，对待性知识要和别的知识一样，要完全一视同仁。如果孩子问了一个和太阳、月亮、云彩、汽车或者蒸汽机有关的、非常聪明的问题，你会喜出望外，并按照他的理解能力，尽可能详细地给他解答。这种答疑解惑在早期教育里所占的比重很大。不过如果他问你一个关于性的问题，你就忍不住要说"闭嘴"。即便你明白这样做是不应该的，你给他的回答也会是简短而又枯燥的，可能还会流露出一点尴尬。孩子可以马上发现这种细微差别，这样你就为色情心理的滋生提供了温床。你应当给予充分而自然的回答，就当这个问题是关于别的事情的。哪怕在潜意识里，你自己也不应该认为性是可怕和下流的东西。要不然你的这种想法就会自动传递给孩子。他一定会觉得，自己的父母当中存在某种龌龊的关系，以后他则会断定，在父母看来，那种导致他降生的行为是不好的。儿时的这种感受让本能的快乐情感几乎没法产生，不只是在青少年时期是这样，到了成年时期也不例外。

当孩子的年龄大到足能够提出和生育有关的问题，比如说在3岁以后，如果要给他生下一个弟弟或妹妹，就不妨告诉他，婴儿是在母亲体内生长的，再和他说，他也是以这样的方式诞生。不妨让他看到母亲给婴儿哺乳，并告诉他，他自己也做过同样的事情。所有这些，就像别的关于性的事情一样，都要用完全科学的态度为他讲清楚，不过郑重其事也是没有必要的。绝对不能和孩子说什么"母性神秘而神圣的功能"，从头到尾都应当彻底地实事求是。

如果在孩子大到足够可以提出和生育有关的问题时，家中没有诞生新成员，那么大概就得利用讲述"在你出生前发生的事"来将这个话题引出来了。我发现我儿子直到现在还无法理解一段他不存在的时间的存在，如果我和他说起金字塔的建造这类的话题，他总会问他那时候在做什么，当我和他说那时还没有他时，他就会大惑不解。他迟早会想弄清楚"出生"意味着什么，到时我们再和他说明白。

在回答关于生育的问题时，自然地提到父亲在这方面作用很小，除非是生活在农场里的孩子。但是有一点是至关重要的，孩子最开始应该是从父母或教师那里了解相关的知识，而非从那些不良教育导致下流的孩子那里。我十分清楚地记得，我自己是在 12 岁那年，从一个男孩那里了解这件事的。他对待整件事的态度都十分的粗鄙，把它当作一个可以提供淫秽笑料的话题。这可以说是我这一代男孩的典型经历，这样的自然后果是，绝大部分的人终其一生，都觉得性是滑稽的，性是下流的，这会导致他们无法对和他们交往的女性表示尊重，哪怕她是他们孩子的母亲。即使父亲们一定还记得他们自己当初是怎样获得性知识的，父母们依然奉行了听天由命的怯懦政策。这些父母怎样才能认为这样的做法对于让孩子心智健全或品行端正是有帮助的？我无法想象。从一开始，性就应该被视为是自然的、愉悦的以及正当的，否则就会让男女关系和亲子关系遭到破坏。性的最佳状态，是在彼此相爱并且爱他们孩子的父母之间。和让孩子从荤笑话那里得到对性的最初印象相比，让他们首先从父母关系中了解性要合理得多。还有一种情况更加糟糕，那就是让他们认为父母之间的性生活是一个不可告人的罪恶秘密。

在性上面，如果不存在被别的孩子教坏的可能性，那么这个问题就可以听任孩子的好奇心自然展现，需要父母做的只是回答问题就可以了——不过始终要遵循一个前提，那就是要在青春期之前，让孩子了解并知道一切。这一点当然是非常有必要的。让一个孩子直接猝不及防地承受那段时期身体还有情感上的变化，未免有些残忍，这也许会让他们觉得自己得上了某种可怕的疾病。而且在青春期以后，一切和性有关的话题都变得富有刺激性，以致孩子不能带着科学的态度去聆听，不过这个在青春期之前是完全可以的。因此，除了要完全远离污言秽语，还要让孩子在青春期到来之前了解性的本质。

那么，要让孩子在青春期之前多久了解相关知识，则由具体的情形决定。那些思维活跃、好奇心强的儿童应该比迟钝的儿童了解得早一些。无论什么时候，都不应该让好奇心无法得到满足。不管孩子多么小，只要他发问，就一定要回答他。而且他的父母应该是这样的态度：他想了解什么，就问什么。不过如果孩子没有主动提问，那么不管怎样，也要在他10岁之前和他将这方面的知识讲清楚，以防他先被别人用不健康的方式告诉了他。所以，通过讲解植物和动物的繁殖来将他的好奇心激发出来，可能是一种可取的办法。千万不要一本正经，不妨先清清嗓子，然后来这样一段开场白："我的孩子，我现在就要和你说一些你是时候知道的事情了。"整件事都应该当作普通而寻常的小事，这就是为什么最好要采取问答的方式来进行。

男孩和女孩应该受到同样的对待，在今天我想已经没有必要辩论了。

在我小的时候，这样的情况还非常常见：到了结婚的时候，一个"有教养"的女孩还对婚姻的性质浑然不知，而还不得不从她的丈夫那里知晓。不过近年来，这样的事已经很少听到了。我觉得，现在大部分人都承认，基于无知的美德是没有任何价值的，女孩和男孩一样拥有权利求知。如果还有人连这一点都还不承认，那么他们就不大可能读我这本书，所以也不值得和他们争论了。

我没准备讨论狭义的性道德教育，这个问题众说纷纭，并无定论。家长都想用他们所相信的那种特定的性道德来教育自己的孩子，我希望政府不要对他们进行干涉。不过将那些有争议的问题抛开不谈，还是有许多东西能够成为人们共同的立场的。

首先是卫生方面的问题。年轻人在面临染上性病的危险之前，一定要对性病有所了解。应该将关于性病的知识如实地教给他们，别像一部分人那样为了道德利益而耸人听闻。他们既应该学会怎样避免患上性病，也要学会怎样治疗性病。只提供道德完美之人所需要的指导，而把别人遭遇的不幸视为罪有应得，这样的观点是错误的。否则我们也可以以粗心驾驶是一种罪过为理由，拒绝为那些在车祸中受伤的人提供帮助。而且，在这两种情况里，惩罚或许会落到无辜的人头上，就像人们不能认定被粗心司机驾车撞倒的人是有罪的，也不能认定患上先天性梅毒的孩子是有罪的。

应该让年轻人有这样的认识：生儿育女是一件极为严肃的

事情，除非能够合理地预期孩子可以获得健康还有快乐，否则将不应该贸然行事。按照传统的观念，婚姻生活中的生育总是正当的，哪怕母亲的健康因为频繁的生育而受到了损害，哪怕生下的是患有疾病或心智不全的孩子，哪怕都没有足够的食物来喂养孩子。现在，只有无情的教条主义者还在坚持这种观念，在他们看来，只要是令人性蒙羞的事都增添了上帝的荣耀。关爱孩子或不以折磨弱者为乐的人，都对这种给残忍行径提供依据的冷酷教条表示反对。关心孩子的权利和价值，还有由此所蕴含的一切，都应进入道德教育，并成为其重要的组成部分。

要让女孩学会期待有一天她们可能会成为一位母亲，她们应该了解一些在母婴方面有所裨益的基本知识。当然，男孩和女孩都应该学习一些生理和卫生知识。要让他们清楚，没有父母之爱的人是无法成为好父母的；然而即使有了父母之爱，还是需要大量的知识。缺乏知识的本能不足以抚养孩子，缺乏本能的知识也是一样的道理。理解知识的必要性越深，具备知识的女性就越能够感受到母亲身份的吸引力。现在，不少接受过高等教育的女性轻视母亲的身份，觉得它不能提供施展她们才能的机会。这是非常大的不幸，因为如果她们能转变思想，就具备了成为最出色的母亲的能力。

在关于两性之爱的教育中，还有一件事必不可少。嫉妒，绝对不能视为正当的维护权利行为，而应该视为嫉妒者的不幸以及被嫉妒者的厄运。当占有欲侵入了爱情，爱情就会活力不再，并会将人性吞噬；如果是反过来的，爱情就可以完善人性，并带来更加热烈的人生。在过去的时候，家长们因为宣扬爱是一种义务，而导致他们和孩子的关系破坏；现在，丈夫和妻子还总因为同样的错误，而破坏相互的关系。爱情无法成为义务，因为它不为意志所支配。

爱情是上天赐予的礼物，而且是上天所赐予的最好礼物。自由而自发的爱情才能表现出喜悦和美妙，那些禁锢爱情的人则摧毁了这些东西。

恐惧在这里再一次成为敌人。担心失去人生中幸福的人，其实已经将幸福失去了。这件事和别的事情类似，无畏才是智慧的本质。

因此，我在教育自己的孩子时，要努力避免他们接受那种我觉得有害的道德准则。部分自身持有自由观念的人愿意让自己孩子先接受传统的道德，孩子只能是等以后再摆脱后者的束缚——如果能的话。这种做法我不同意，因为在我看来，传统的准则不仅将无辜的东西禁止了，而且还对有害的东西表示赞成。那些接受了传统教育的人，几乎都会觉得自己在时机来临时陷入嫉妒是合情合理的。此外，他们还可能受到性的困扰，主动或被动的。我不会教孩子觉得，终身忠于伴侣不管怎样都是可取的，或者觉得一段稳固的婚姻应该排除短暂的恋情插曲。如果将嫉妒视为正当的，那么这样的插曲会导致极为严重的冲突；不过如果双方都可以接受一种没那么严格的道德，那么他们之间就不会有矛盾产生。婚姻关系如果涉及了孩子，应该尽可能地稳固，但是不必因此是排他的。如果双方都具备自由且没有金钱动机，那么爱情是美好的；如果无法满足这些条件，那么爱情往往是糟糕的。正因为传统的婚姻中这些条件常常得不到满足，才不得不用一种基于希望而不是恐惧的、积极的而不是限制性的道德来合乎逻辑地反对人们在性问题上所接受的准则。所以，以我们自认为有害的道德来教育我们的孩子是没有任何理由的。

最后一点，父母和教师对于性所表达出来的态度应该是科学的，而非教条式的或情绪化的。比如，提起母亲和女儿说到这个问题，让她以敬畏的态度讲述自然的旨意；说到父亲在这个问题上教导儿子，父亲应该以敬畏的态度解释自然在开启新生命上的旨意——觉得这样的说法不存在任何可疑内容的读者，不妨将他们略过。不过我认为，和解释蒸汽机的结构相比，这样的场合不应该包含更多的"敬畏"。"敬畏"，意味着有一种比较特殊的语调，孩子可以从这里面推断出性具有某种特殊性质。这里距离色情和下流只有一步之遥。只有当我们不再区别对待性问题和别的问题时，在这一问题上的体面才可以确保。所以，那些毫无根据并且被最无偏见的学生所质疑的教条是我们绝不能提倡的，比如："成年以后可以实现的理想的两性社会关系是一夫一妻的婚姻关系，在这种关系中，两人都要绝对忠诚地生活。"这个观点可能是对的，也可能是错的，现在当然没有充分的证据能够证明它是真理。如果将其作为不容置疑的东西来传授，我们就是把科学的态度给抛弃了，并且在一个最重要的问题上不遗余力地阻止理性思考。只要这种教条主义继续在教师里面存在，就无法指望他们的学生在面对任何让他们反应激烈的问题时会保持理性，而取代理性的，必然会是暴力。

第九章
幼儿园

　　我已经在前面几章中，试着就如何培养那些能让幼儿在以后的人生中幸福和受益的习惯，做了概述。但是我还没有讨论这个问题：这种培养，到底是由父母，还是由为此目的所设计的学校来进行？我个人觉得，支持幼儿园的论据是拥有完全压倒性的优势的——开设幼儿园不只是为了贫穷、无知还有劳苦人家的孩子，也是为了所有的孩子，或者至少是为了所有生活在城市里的孩子。我确定，在玛格丽特·麦克米伦小姐开办在德特福德的幼儿园里，孩子所得到的教育要优于现在任何富家子女所能获得的教育。我特别希望看到这样的幼儿园可以惠及一切孩子，无论贫富。不过我们还是在谈论现实中的幼儿园之前，先来了解一下应当设立这种机构具有哪些理由。

　　首先，幼儿时期不管是医学上还是心理学上，都是特别重要的。这两个方面极为紧密地结合在一起，例如恐惧会导致孩子呼吸不畅，呼吸不畅则容易带来各种各样的疾病。这样的相互关系数不胜数，如果不具备一定的医学知识，就基本无望培养孩子具备良好的品性；而如果缺乏一定的心理学知识，也基本无望培养孩子具备健康的体格。这两个方面所需要的大多数是特别新的知识，而且其中不少知识是和历来受到尊重的传统背道而驰的。拿纪律问题为例，如果和孩子发生了争论，不要让步，但也不要惩罚是一个重要的原则。一般家长有时候会因为不胜其烦而做出让步，有时又会因为怒不可遏而惩罚孩子。正确的成功之道，则是要想尽办法，将耐心和启发的能力结合在一起，这是一个心理学方面的例子，还可以举一个医学方面的例子：通风。如果父母用心且聪明，孩子就可以享受到日夜流通不断的新鲜空气，而且用不着穿太多的衣服。但是如果父母既没有关爱之心又没有才智，那么他们的孩子就免不了要遭受伤风感冒的痛苦了。

对幼儿的照顾是一门全新而困难的艺术，我们并不能指望家长们具有所有的技巧和闲暇。对于那些没什么文化的家长而言，情况显然是这样的：正确的方法他们不知道，就算教给他们正确的方法，他们也不信服。我住在一个农业地区，临海的那里得到新鲜食品很容易，气候既不太冷，也不太热。我之所以选择这里，主要是因为对孩子的健康而言这里是非常理想的地方。但是那里的孩子，无论是农民家的、店主家的还是谁家的，差不多都是脸色苍白、无精打采，因为他们饮食无度，同时玩耍上受到了限制。他们从来都不去海滩，因为认为在水边玩是危险的。他们在户外都穿着非常厚的毛外套，甚至在炎热的夏季也是如此。如果他们在玩耍时吵闹，大人就会想办法让他们举止"体面"。然而他们可以很晚才去睡觉，并且可以得到各种对健康不利的成人零食。他们的父母对我的孩子为什么没有早早地因为伤风和受冻而夭折无法理解，但是任何现实教训，都无法让他们意识到自己的方法需要改进。他们既不是贫穷，也不是没有父母之爱，但是就是因为没有接受过良好的教育，所以是无知而又顽固。对贫穷且劳苦的城里父母来说，这些缺点自然产生了大得多的危害。

然而就算是受过高等教育、尽职尽责并且平时没那么忙碌的父母，他们的子女在家里也无法像在幼儿园当中那样，学到如此多他们所需要的东西。首先，他们在家里不能获得和别的同龄人的伙伴关系。这样的家庭一般都是小家庭，于是，孩子很容易受到长辈的过多照顾，以致有变得神经质和早熟的可能。再说家长们不具备能够让他们有把握地管好众多孩子的经验，只有那些比较富裕的家庭才可以提供最适合幼儿的空间和环境。如果这些条件专为某一家的孩子提供，有可能助长孩子的优越感和炫富心，在道德上这是非常不利的。由于上述原因，我主张只要在家的附近有合适的学校，就算是最称职的父母，也应该把他们大于 2 岁的孩子送去学校，至少让孩子在那里度过一天里的一部分时间。

现在，按照父母的状况不同，幼儿园可以分为两种：福禄贝尔学校和蒙台梭利学校，面向的是富家子女；少量的幼儿园，是为贫家子女开设的。后者里面最有名的莫过于麦克米伦小姐开办的学校。我个人现在相信，现有的那些面向富家子女的学校，没有哪所可以和她的学校相比，一部分是因为她学校里拥有更多的孩子，另一部分是因为她可以不理会那些自命不凡的中产阶级对教师的吹毛求疵。她的目标是，尽量照顾孩子们从 1 岁一直到 7 岁，即便教育当局更倾向于这种意见：年满 5 岁的儿童就应该上普通的小学。孩子们上午 8 点到校，一直在学校待到晚上 6 点，一日三餐都在这里吃。孩子们应该在户外活动上花尽可能多的时间，即使在室内也要尽情地呼吸新鲜空气。一个孩子在被学校接受之前要接受医学检查，如果有某种疾病，就尽可能在诊所或医院接受治疗。入校以后，孩子们几乎全都变得健康，并且会一直保持健康。学校里有一个美丽的大花园，孩子们会在那里玩耍很久。教学基本上采用的是蒙台梭利的方法。孩子们在晚餐之后都要睡觉。即便在夜晚和周日，他们不得不留在家徒四壁的家中，甚至要和喝得烂醉如泥的父母一起住在地下室里，然而他们的体格和智力和那些最出色的中产阶级儿童相比也毫不逊色。以下是麦克米伦小姐描述的她学校里的 7 岁学生：

"他们差不多都是出落得高大、挺拔的孩子。的确，即使身材不是很高，也都个个昂首挺胸。这些孩子几乎都很壮实、匀称，拥有明亮的眼睛、柔顺的头发和干净的皮肤。就平均水准来说，他们和中产阶级上层那些体形最好的富家子女相比，还是要略胜一筹的。和他们的体格有关的就说这些吧。在精神上，他们机敏、友善，充满了对生活的憧憬，并渴望体验新的事物。他们可以完美或者近乎完美地进行阅读和拼写。写作能力颇佳，可将自己的思想顺畅地表达出来。他们的英语流利，法语也很熟练。他们不仅可以自立，数年当中还为比自己小的孩子提供帮助。此外，他们会计算，会测量，会设计，已经为科学知识的学习做了很多的准备。他们初入校园的那几年在充满安宁、关爱和乐趣的氛围里度过，最后的两年时光，则充满了有趣的体验和尝试。他们在一处园子里栽种、浇灌，照料各种植物和动物。7 岁的孩子们还可以唱歌、跳舞，做各种各样的游戏。数以千计如此的儿童即将迈入小学的大门。应该怎样对待他们呢？我首先要讲的是，这样的来自社会底层的、干净而强健的年轻生命，如雨后春笋般冒出，这一定会让小学教师们的工作有所改变。幼儿园或者是一种没有任何价值的东西，换句话说，是一种新的失败，或者很快会对小学乃至中学产生影响。它会提供一种有待进一步的教育的新型儿童，这不仅迟早会对所有的学校产生影响，还会对我们的社会生活产生影响，对为民众所建构的政府及法律的类型产生影响，对我国和别的国家的关系产生影响。"

这些说法我不认为是夸大其词。如果普及了幼儿园教育，就可以在一代人之内将教育上的巨大差别消除，现在，这种差别划分了不一样的阶级；就可以让每个人都共享精神和身体上的发展，这种发展现在仅限于最幸运的那些人所享有；就可以将疾病、愚昧和邪恶所造成的沉重负担消除，正是这种负担，现在让进步的脚步步履维艰。1918 年《教育法》规定幼儿园本来应该由政府拨款来推动建设的，但是在"格迪斯大斧"出台以后，在政府看来，建造巡洋舰和新加坡港又是更加重要的事情了，因为这是有利于对日本作战的。目前，政府每年在自制的含防腐剂的黄油和培根而非丹麦的纯质黄油的进口上花费了 65 万英镑，并诱导民众食用这些有毒的食品。为了实现这一目的，我们的孩子不得不遭受疾病、困苦还有蒙昧，而如果能将这 65 万英镑花在幼儿园上，那么一大批孩子就此幸免。现在母亲们已经拥有了投票权，她们会在有朝一日明白运用这种权利，来为自己的孩子谋取利益吗？

　　将这些泛泛之论抛开不谈，我们还得清楚：给予幼儿正确的照料，是一项需要高度技巧的工作，不能完全指望父母可以做得很到位，而且这项工作又和日后的学校教育完全不一样。我们这里再次引用一下麦克米伦小姐的话：

　　"幼儿园里的孩子体质非常好，不仅远远强于贫民区邻居家的孩子，就算那些所谓的'上等人'，也就是住在富人区的、体形非常好的中产阶级儿童，也比不上他。显然，对孩子来说，只有父母之爱和'父母责任'。只靠经验行事的做法现在完全行不通了，没有知识作为基础的'父母之爱'也完全行不通了。然而儿童教育并没有失败，这是一项高度技术化的工作。"

　　关于资金的问题，麦克米伦小姐这样说：

　　"目前要运作一所拥有 100 名儿童的幼儿园，人均费用是每年 12 英镑，就这个金额而言，就算是最贫困地区的家长也可以负担三分之一。那些雇学生当职员的幼儿园开销要多一些，不过增加的费用大多数是付给了这些未来教师的报酬还有生活费。一所拥有约 100 儿童和 30 名学生的露天幼儿园及训练中心，满打满算的话，每年的费用差不多是 2200 英镑。"

　　这里不妨再引用一段：

　　"幼儿园的一大好处是，能让孩子更快地将目前的课程完成。这样的话，等他们在现今的小学念到一半或三分之二的时间，就可以做继续学习更高等的知识的准备了……一句话概括，如果幼儿园不只是一个'照看'小孩到 5 岁的地方，而是一个真正的教育场所，那么它将极为有力而且迅速地对我们的整个教育体制造成影响，它会让各级学校的文化和学识所可能达到的水准迅速提升，在这方面小学是排在最前面的。它会证明，我们生活的这个世界，这个混乱的、充斥着疾病和苦难的世界，这个让教师这个职业和医生相比黯然失色的世界，是可以一扫而光的。它将让人们视这样的学校为怪物：森严的大门，厚重的围墙，坚硬的操场，巨大而阴暗的教室——这些本来就是怪物。它将为教师们提供巨大的机遇。"

幼儿园的地位，处于早期的品性培养和后来的学校教学之间。在幼儿园里，这两件事相辅相成，双管齐下，伴随着孩子长大。教学所占据的比重越来越大。蒙台梭利女士正是在一种具有类似功能的机构中让其方法得到了完善。罗马有一些宽敞的经济公寓里专门为 3 到 7 岁的孩子划分出一个大的房间，而蒙台梭利女士就受托对这些"儿童之家"进行管理。和在德特福德类似，这些孩子都是来自于那些最贫穷的家庭，而结果也可以表明，早期的关爱是可以将恶劣的家庭条件给孩子的身心所造成的负面影响克服的。

有一点值得注意，那就是自塞甘① 时代以来，幼儿教育方法上的进步，是从对白痴和弱智的研究中来的。在某些方

————————

① 塞甘（Edouard Seguin, 1812—1880），法国神经学家、精神病学家、心理学家，心智障碍研究的先驱。1837 年创办世界第一所弱智学校。著有《对弱智儿童的道德和卫生教育》（1846）、《弱智及其生理学方法的治疗》（1866）等。

面，这两种人的心智上还是婴幼儿。我相信，之所以有必要采取这种迂回方式，是因为人们觉得精神病人的愚钝不该受责备，也无法通过惩罚来治疗；任何人都不会相信阿诺德博士的鞭笞之法可以将他们的"懒惰"治好。因此，他们得到了科学的而不是愤怒的对待；即便他们无法理解，也不会有气急败坏的教师冲着他们大发雷霆，并告诉他们应该为自己感到羞耻。如果人们可以让自己在对待儿童时所采取的是一种科学的而非道德说教的态度，他们早就会发现现在那些和儿童教育方式有关的知识，而不用先去对精神缺陷进行研究。"道德责任"的观念要为许多罪恶负"责任"。假设有两个孩子，一个幸运地进入幼儿园，另一个则留在一点盼头都没有的贫民区生活。如果第二个孩子长大以后，生活没有第一个孩子体面，那么他该负"道德责任"吗？因为无知和疏忽，他的父母没有能教育好他，他们该为此承担"道德责任"吗？在贵族学校里富家子弟被训练成了卖李钻核、颟顸昏聩之辈，以至于他们宁愿要自己那声色犬马的生活，也不想创造一个幸福的社会，他们要承担"道德责任"吗？所有这些人都可以说是环境的牺牲品，他们在幼年时品性遭到了扭曲，在学校里理智又受到了妨害。他们本是能够免于这些不幸的，只因为他们没有那么幸运，就横加指责他们，认定他们应该承担"道德责任"，这是没有任何益处的。

教育跟别的人类事务一样，要想获得进步，只有一条途径，那就是：由爱所引导的科学。没有科学的爱是没有力量的；没有爱的科学是有坏处的。任何一项改善幼儿教育方面的贡献，都是来自于那些关爱孩子的人做出的，都来自于那些深知科学在这个问题上帮助很大的人。这是我们从女子高等教育中获得的一项好处：在过去的时候，科学和对孩子的爱共存的可能性极小。科学给予了我们可以塑造年轻人心灵的力量，这是一种非常可怕的、可以被极度滥用的力量；如果坏人掌握了它，就会产生一个比无序的自然世界还要冷酷和残忍的世界。打着传授宗教、爱国主义、无畏精神还有革命热情的幌子教育儿童，就可能教导出来一个盲从、好斗还非常残忍之人。教育一定要由爱激发，又一定要以培养孩子的爱心作为归宿，否则科学技术的进步越大，教育容易造成的祸害也就越大。关爱儿童已经作为一种有效的力量在社会上存在，婴儿死亡率的降低和教育的改善就是最明显的证据。不过这种力量还非常的弱小，否则我们的政治家们就不敢为了实施他们杀戮和压迫的罪恶计划，而牺牲无数儿童的生命和幸福，但是它毕竟已经存在了，并越来越强。而别的形式的爱却极少，少得令人吃惊。正是那些对孩子十分疼爱的人，同时又热切地希望孩子将来能够在战争中捐躯，而战争纯属一种集体的精神错乱行为。将对孩子的爱逐渐扩展到对他行将变成的大人的爱，这难道算得上一种奢望吗？那些对孩子关爱的人，能不能学会在孩子长大成人后，继续给予他父母式的关怀呢？在让孩子拥有了强壮的体魄还有充沛的精神后，我们是不是应该让他们通过对这个体力还有精力的运用，去创造一个更加美好的世界呢？或者在他们开始进行这项工作时，我们会惊慌失措、畏缩不前，并召唤他们回头是岸，重新接受支配和训练？科学对于这两条路的态度是不偏不倚的：选择在于爱和恨之间，不过，恨往往会动用所有冠冕堂皇的言辞来粉饰自己，职业道德家们倒是很推崇这些言辞。

第十章
智力教育的一般原则

　　我们始终在讨论的品性培养，主要是婴幼儿时期的事情。如果实施得好，应该在孩子 6 岁时就接近完成了。我的意思并非 6 岁以后品性就没可能变坏了，不良的条件或环境在哪个年龄都可能造成损害。我指的是，只要适当地注意环境，那些受过正确早期训练的孩子到了 6 岁，就应该拥有可以引导他们走向正途的习惯和愿望了。

　　在一所学校当中，如果所有的学生都是人生第一个 6 年接受了正确培养的孩子，那么只要校方稍微有那么一点头脑，这所学校就可以建立一个非常好的教育环境，都没有必要再在道德问题上花费大量时间或心思，因为孩子所需的别的美德，应该是纯粹的智力训练而自然产生的结果。我并没有言之凿凿地断定这是绝对的法则，而只是将其作为一条引导校方的原则，让他们明白哪些问题应该着重处理。我坚信，如果孩子在 6 岁之前一直被很好地照料着，校方最好要将重点放在纯粹的智力提升上，并由此促成更可取的品性的进一步提升。

　　让教学受到道德考量的影响，对于智力来说，并且最终对于品性来说，都不是好事。不应该觉得某些知识是有害的，某些无知就是有益的。所传授的知识应当是因为智力上的目的而传授，而不是为了让某个道德或政治结论得到证明。在学生的眼中，教学的目的，一部分应该是要满足他的好奇心，一部分是要给予他所需的技能，好让他能够独立地满足自己的好奇心。在教师的眼中，教学的目的也一定是要为了激发某种能够有所收获的好奇心。然而就算学生的好奇心指向了和学校课程没有任何关系的东西，也千万不要对其进行阻挠。我的意思不是学校的课程应该中断，而是应该对这种好奇心予以赞赏，并告诉拥有这种好奇心的学生怎样在课后的时间将其满足，比如阅读图书馆里的书。

说到这里，应该会有人质疑我的说法，这种质疑应该从一开始就有了：倘若一个男孩拥有的是不健康或者不正当的好奇心，那么应该怎么办？如果他对淫秽行为或关于酷刑的故事感兴趣，那么应该怎么办？如果他一门心思想窥探他人的举动，那么应该怎么办？这样的好奇心也应该给予鼓励吗？要想回答这个问题，我们一定要做出区分。有一点是毋庸置疑的，那就是我们不能听任这个男孩的好奇心继续局限在这些不好的方面，不过这并不是说我们要让他为自己想要了解这些东西而感到罪恶，也不是说我们要设法让他远离和这些有关的知识。这种知识之所以吸引力如此之大，差不多就是因为它是被禁止的；而处于有些情况时，它会和某种病态的精神状况联系在一起，这时就需要送医治疗了。然而无论是哪种情形，禁止和道德恐吓都是错误的处理方式。

对淫秽事物的好奇心可以说是最常见的，也是最重要的，我们不妨来谈一下。如果对孩子而言，性知识和任何别的知识并没有什么两样，那么我相信不可能有这样的事。一个弄到了不雅图片的男孩，会因为自己有能力做到这种事而扬扬自得，并清楚他那些胆子小的同伴所不知道的东西。如果将关于性的所有知识坦率而得体地告诉他，那么他对这些图片也就没有兴趣了。如果即便是这样，一个男孩还是被发现依然存在这样的兴趣，那么他就需要去接受这方面专业医生的治疗了。治疗应该从鼓励他完全自由地表达即便是最令人震惊的想法开始，然后告诉他进一步的大量信息，一点点地提高这些信息的技术性和科学性，一直到他认为整件事都索然无味为止。当他觉得再没有什么更多东西可以了解，而他所知道的东西也不过如此、平淡无奇时，他就被治愈了。

这里面的关键在于，糟糕的并非知识本身，而不过是那种沉溺于某个特殊话题的习惯。要让这样执迷的毛病得到矫正，不能一开始试图强行分散他们的注意力，而要利用对有关的问题的充分讨论。于是兴趣就会从胡思乱想转变成符合科学；一旦实现了这一点，它也就可以在别的兴趣里占据其合理位置，也就不再是一种执迷了。我深信，这就是正确地对待狭隘而不健康的好奇心的方式。禁止和道德恐吓唯一的结果就是适得其反。

尽管不应该将品性的完善列入教学的目的，不过有些品质是十分可取的，对于有效地获取知识，它们也是不可或缺，可以将这些品质称为理智美德。这一类的美德应该是智力教育的产物，不过它们的产生应该是作为学习知识的必要条件，而非作为本身就值得追求的美德。我认为这样的品质主要要有耐心、勤奋、专注、精确、好奇心、开放的心态、相信知识难求但是依然可得。这里面好奇心是最基本的，只要它强烈且指向的目标正确，别的各项也就顺理成章了。

然而好奇心是一种略有些被动的品质，所以无法成为整个理智生活的基础。此外，通常还需要有迎难而上的愿望，在学生的心目中，获得的知识应该像一种技能，就像在游戏或者体操中的技能那样。我想，这种技能难免部分地只是为了将学校布置的作业完成才需要的，然而如果可以让学生认为它对于达到某种课外目标也是必备的，那么就已经取得了某种极为重要的成果。知识与生活脱节实在令人遗憾，但是这一点在求学的时候是不能完全避免的。对于这种脱节非常难以避免的科目，应该和学生偶尔说一说这科知识的实用性——这里的"实用性"应该指的是最广义的概念。即便这样，我还是要为纯粹的好奇心留出广阔的空间，要不很多极其有价值的知识（比如理论数学）将永无发现之日。我认为，很多知识本身就有价值，不用考虑它们有什么应用。我并不希望鼓励年轻人过于注重一切知识的潜在用途，非功利性的好奇心是年轻人与生俱来的，而且是一种十分可贵的品质。只有当这种好奇心没有发挥作用时，才应该向诸如可以在实践中展示技能的欲望求助。两种动机各行其道，井水不犯河水。

我知道我这里有这样一个假设：有些知识的价值并非只在于其实用性，而在于其本身。

　　这种观点经常受到挑战。我看到奥谢教授就是这样说的：在欧洲还有东亚的学校里，一个人如果没有积累大量的和古代风物有关的知识，都算不上接受过教育，至少算不上是有修养的人。但是在我们国家，我们能马上接受这样的观点：修养并不由单纯的对事实的掌握来决定，无论是古代的事实还是现代的事实。这样的人才是有修养的人：拥有能够让他为社会服务的知识和技能，还拥有能够让他和友人们相处甚欢的行为习惯。现在在美国教师的眼中，个人生活中，那些对人际关系没有用的知识，对于修养以及教育目标都是没有任何价值的。

　　这种关于旧世界怎样看待修养的描述当然是一种讽刺。没有谁会认为单纯的事实知识就可以赋予人修养。但是能够论证的是，修养在一定程度上意味着免受空间上还有时间上的地方本位主义的影响，而这里面包含着对卓越的尊重，哪怕这种卓越是在另一个时代或另一个国家发现的。我们容易将我们的优越感夸大，认为自己除了要比外国人优越，还比古代人优越。这导致我们对他们的一切都持轻视的态度，这里面就包括他们要比我们优秀的地方，比如生活的整个审美这个方面。而且我需要说，修养和一种静观的能力有关系，去思考或感受，而不能轻举妄动。这让我对接受人们所说的那种"实践"教育理论有些踟蹰，这种理论"要求学生实际地去践行他们所学的东西"。显而易见，这种方法对年幼儿童是适用的，但是在能够采用更抽象和理智的方法之前，教育算不上完整。"践行"星云假说或法国大革命要耗费很长时间，更不必提还有上断头台的危险。

　　一个接受了足够教育的人学会了在必要的时候通过抽象来提取意义，并把它们作为抽象概念来使用，只要这么做对他实现自己的目标有利。如果一个数学家一定要停下来去理解每一步换算的意义，那么他的工作将永远都没有结束的时候，他的方法的重要优点在于运用起来不用这样的费事。因此，在高等教育中，那种实践方法好像并不怎么适用。我不禁觉得，实践方法之所以能流行美国，一部分是因为这样的一种观念：所有的卓越都在于行动，而非思考和感受。这种观念隐含在我之前引用的对修养的界定中，并且在机械时代实属自然，这是因为机器只能运作，人们不会期望它可以思考或有什么感受。但是把人和机器相提并论，基本无法给我们提供一种合理的价值标准，无论这体现了哪种形而上学的思想。

　　那些拥有真正的求知欲的人，必然会具备开放心态这种品质。只有那种受别的欲望扰乱并自信自己已经掌握了真理的人，才会丧失这种品质。这就是为什么开放心态在年轻时期比在年长之后更为常见。一个人的活动几乎一定会和对某个理智上的疑难问题的判断有密切的关系。牧师是无法对神学做到漠不关心的，军人也无法对战争袖手旁观，律师自然会觉得罪犯应该受到惩处——除非罪犯交得起大牌律师的酬金，教师会对和自己的训练和经验相适宜的特定教育体制表示支持，政治家基本会不由自主地对最有可能给他权位的那个党派的主义表示支持。一个人只要选定了某个职业，就不能指望他还时时考虑别的选择是不是更好。因此，开放心态在成年人生活中会受到限制，即使这些限制应当尽可能地少。不过在年轻时期，威廉·詹姆斯所说的"强制选择"很少出现，所以不怎么需要"信仰意志"。应该鼓励年轻人把任何一个问题都看成是开放的，并可以在论证过后抛弃任何一个观点。这样的思想自由并不等于行动上也应该完全自由。一个男孩千万不能因为听了某个加勒比海冒险的故事，就自由地跑去大海里。

专注力是一种十分重要的品质，如果不通过教育，很少有人可以获得。当然，随着年龄的增长，孩子自然地也会达到相当程度的专注；很小的幼儿不管考虑什么事情，时间都不会超过几分钟，但是他们的注意力会一年比一年集中，一直到成年。即便这样，如果没有接受长期的智力教育，他们还是基本无法获得足够的专注力。理想的专注力具备的特征有三个：强烈、持久还有自觉。阿基米德的故事就是一个强烈专注力的典型例子，据说罗马人攻陷叙拉古城，前来杀阿基米德时，他竟然毫无反应，因为他还专心致志地研究一个数学问题。可以相当长时间地专注在一件事上，对于获得来之不易的成就，甚至对于理解深奥或者复杂的问题，都是不可或缺的前提。倘若对某件事具有自发的浓厚兴趣，那么自然会有这种专注。大多数人可以长时间地全神贯注在一个机械难题上，不过这种关注本身并没有什么用处。关注要具有真正的价值，还一定能为意志所控制。我这里指的是，如果一个人学习某种知识有足够的动力，那么就算这种知识本身是枯燥无味的，那么他也可以强迫自己掌握它。我觉得高等教育可以赋予人们的，第一个就是这种由意志支配的注意力。旧式教育在这方面是值得称道的；现代方法能不能成功地教会一个人自愿地忍受乏味之事？对此我是持怀疑态度的。不过，如果现代教育实践里的确有这种缺陷，也绝不是无法补救，我将在后面讨论这个问题。

勤奋和耐心当是良好教育的结果。以前认为在大部分的情况下，只有通过遵行外在权威所强加的良好习惯，才可以拥有这些品质。这种办法当然是有奏效的时候，就像驯马时能够看到的那样。但是我觉得，激发人们克服困难的勇气是更好的办法，为此，我们不妨将困难划分成不一样的等级，好能在一开始的时候，人们就可以相当轻松地获得成功的喜悦。这可以让人体验到坚持下来的回报，从而让所需要的恒心逐渐增强。知识难求但是依然可得的信念也完全适用这个说法，因为培养这种信念的最好办法是，引导学生将一系列经过认真分等的问题解决。

和对注意力的自觉控制一样，精确可能也是容易为教育改革家们所忽视的一种品质。巴拉德博士明确地指出，我们的小学虽然在大部分方面有了很大的改善，但是在这方面却是退步了。他是这样说的：

"在19世纪的80年代和90年代初，在年度考核中，学生得接受很多的测试，而这些测试的结果需要作为拨款的依据列表上报。如果今天对同样大的儿童进行同样的测试，成绩一定会是普遍而明显地下降。无论我们对此怎么样解释，事实都是不容置疑的。总体来说，我们的学校，至少我们的小学所做的工作，比不上四分之一个世纪之前精确。"

对于这个问题，巴拉德博士的论述十分精辟，对此我没有什么能够补充的。不过我打算再引用一下他的结语：

"在进行诸般演绎以后，它（即精确）依然是一种崇高且可以鼓舞人心的理想。它是理智所遵循的道德准则：它对理智在追求自身的合适理想时应当致力于什么进行了规定。因为我们在思想、语言还有行为上的精确程度，大体能够衡量我们对真理的忠实达到了什么程度。"

让那些主张现代方法的人觉得困难的是，现在所教导的精确基本等同于枯燥，如果教育可以变得有趣起来，那么将会是一大进步。不过这里我们一定要做出区分。纯粹由教师所施加的枯燥是根本不可取的，学生为了实现某种抱负而甘心忍受的枯燥就是可贵的，只要不过度。激发学生追求那些较难实现的愿望，比如阅读荷马史诗、拉好小提琴、弄懂微积分等，应该是教育的一部分。所有的这些活动都各自有其精确的标准。那些拥有接触才华的孩子为了掌握某种梦寐以求的知识或技能，愿意忍受无穷无尽的乏味，愿意接受严苛的训练。而那些资质平平的孩子，倘若有人给予他们充满鼓励的教诲，也会激起他类似的抱负。教育的动力不应该是教师的威严，而应该是学生的求知欲，但是这样说的意思并不是在每个阶段教育都应该是容易、轻松和惬意的。这特别适用于和精确有关的问题。学习精确知识容易让人感到厌倦，但这是每一种卓越都不可或缺的，这一事实能够通过恰当的方法让孩子理解。现代方法只要在这方面没有成功，它们就是存在缺陷的。跟在别的很多事情上类似，在这件事情上，抵制糟糕的旧式教育已经趋向于一种过度的宽松，这种宽松一定要为一种新式的教育让位；旧式教育十分强调外在的权威，而相比之下，新式教育对内在的和心理的因素更加注重。精确就是这种新式教育方法在注重理智的表现。

　　精确有很多种，每种都自有其重要性，主要的精确有这样几种：肌肉的精确、审美的精确、事实的精确以及逻辑的精确。所有孩子都可以理解肌肉精确在众多方面的重要性，一个健康的孩子用尽一切空闲时间所掌握的身体控制，就是需要肌肉精确的，而后可以决定孩子在伙伴里声望的游戏，同样需要肌肉精确。不过它还有别的一些和学校教学关系更密切的形式，比如良好地书写、清晰地讲话、正确地演奏乐器等。一个孩子会根据他所在环境的不同而认定这些东西重要与否。审美精确界定很难，它关系到产生情感的合理刺激的恰当性。培养一种重要形式的审美精确，一种方法是让孩子通过背诵来学习诗歌，比如为了表演而背诵莎士比亚的作品，如果他们出了错，就要让他们感到原文为什么是更好的。我认为在美感普遍存在的地方能够看到，孩子们掌握了各种传统的表演套路，比如唱歌和跳舞，他们以此为乐，但一定要以传统为基础来进行完全正确的表演。这可以让他们意识到细微的差别，而对精确而言，这是至关重要的。我认为，唱歌、跳舞和表演是培养审美精确最好的途径。绘画则要稍微差一点，因为绘画容易按照和模型的相似度进行评判，而非按照审美的标准。诚然，人们期望套路化的表演也是在再现模型，不过这种模型是按照审美的动机创造的。它之所以被模仿，是因为它本身就是优秀的，而不是模仿是优秀的。

　　单纯地追求事实的精确真的是无聊透顶的。把英国历代君王的年代，或者各郡及其首府的名字都记住，是最能使学生望而生畏的事情之一。更好的办法是，通过兴趣和重复来得到事实的精确。我从来没有记住过那些海角的名字，但是在 8 岁的时候，我已经差不多知道所有的地铁站了。如果让孩子们看一部描写一艘轮船环绕海岸航行的影片，他们很快就能将那些海角都记住。我并不是觉得它们值得记住，但是假如是值得记住的，那么这就是正确的教学方法。一切地理知识都应当在电影院里讲授，刚开始教历史时也应当这样。一开始的费用固然很大，但是并不是政府不能承受之重。再说如果采用了这种方法，那么教学的简便易行其实也是一种节约。

至于逻辑的精确，要在以后才能获得，不应该逼年幼的孩子去学。背会乘法表自然属于事实的精确，这个要到非常靠后的阶段，才会转换成逻辑的精确。数学是这方面教育的自然手段，不过倘若让数学以一系列任意规则的面目出现，它就会丧失这种作用。规则一定要记住，但是到了一定的阶段，为什么会产生这些规则，原因也一定要明了；如果不是这样，数学就没有任何教育价值可言。

接下来我要说一个在分析精确时已经出现的问题：即使所有的教学都变得十分的有趣，这在多大程度上是可能的或者可取的。过去的观念认为，教学大多时候一定是枯燥的，要想让普通的男孩做到持之以恒，只有严厉的权威（一般的女孩则任其保持无知）。现代的教育观念则主张教学能够是充满快乐的。旧观念和现代的教育观念相比，我更赞同现代的教育观念，但是我觉得，现代的教育观念还是为某些局限所制，特别是在高等教育方面。我要先讨论一下现代的教育观念中的正确部分。

现代的幼儿心理学家都对不催促幼儿进食或睡眠的重要性非常重视，认为这些事情应该让孩子自觉去做，而不应该是强制或诱哄的结果。我自己的经验完全证明了这种教育方法是正确的。一开始我们不了解新的教育方法，于是采用了旧的方法。旧方法特别失败，现代的教育方法则非常成功。但是，绝不能就此认为在孩子的进食和睡眠方面，现代的家长就什么都不用做了；事实恰恰相反，他们要尽量地让孩子养成良好的习惯。开饭要遵循规定的时间来，在吃饭时间，孩子无论吃还是不吃，都必须要坐在那里，不能玩耍。睡觉要遵循规定的时间，到了时间孩子就一定要到床上躺下。他睡觉时可以搂着一个玩具动物，但不可以是会叫、会跑或会让人兴奋的玩具。如果那个玩具动物是孩子的心爱之物，那么家长不妨和孩子玩这样的游戏：这个动物累了，孩子一定要让它睡觉。接下来就让孩子自己待着，一般他不久就会入睡。但是千万不能让孩子认为你盼着他吃饭或睡觉，这会马上让他认为你是在求他帮忙，这会让他拥有一种权力感，从而导致他越来越需要诱哄或惩罚才能吃饭或睡觉。他之所以吃饭或睡觉，应该是因为他想要吃饭或睡觉，而非为了取悦你。

显而易见，这种心理在很大程度上也是适合用在教学里的。如果你硬要对一个孩子施教，他就会觉得你在要求他做某件他不喜欢的事来让你高兴，抵触心理就此产生。如果一开始就有这种抵触心理，那么就会一直存在；到了年龄大一些的时候，孩子固然有显著的通过考试的愿望，并且会为了这个而付出努力，不过他这么做绝对不是单纯地因为对知识的兴趣。相反，如果你能先将孩子的求知欲激发出来，然后再把他想要获得的知识作为一种恩惠给他，那么就是一种完全不一样的情况了。所需要的外在管束将会大为减少，让孩子保持注意力也就算不上什么难事了。要让这种方法获得成功，一定要具备某些条件，蒙台梭利女士就成功地在非常小的孩子里创造了这些条件。

孩子的作业一定是要吸引人并且不怎么难的，最初一定要有处在稍高阶段的别的孩子来做榜样，同时不能让孩子为别的明显更加有趣的事情所影响。如果孩子有许多种事情可做，那么他就会选择任何自己喜欢的事，并自己将它完成。几乎这种情况下的所有孩子，都是非常快乐的，并且在 5 岁之前，就可以轻松地掌握阅读和书写。

对于年龄更大的孩子来说，同样的方法在多大程度上能够起作用，是一个存在争议的问题。随着孩子的年纪越来越大，他们可以响应那些更长远的目的，所以不再需要每个细节都饱含趣味。但是我觉得，这条总体原则是对任何年龄都适用的：教育的动力，应该来自于学生。环境应当对将这种动力激发出来有帮助，并让枯燥和孤独对于学习来说是可供选择的东西。无论是在什么情况下，只要是偏好这种选择的孩子，就应该允许他做出这样的选择。关于单独活动的原则能够得到延续，虽然在幼儿期过后，一定量的班级活动仿佛是必不可少的。但是如果一定要通过外在的权威来让孩子学习，除非有医学上的原因，否则十有八九是因为教师存在过错，或者之前的道德教育十分糟糕。如果一个孩子在 5 岁或 6 岁之前，始终都接受着恰当的训练，那么在这以后，任何一位称职的教师，都应当可以激发他对学习的兴趣。

这一点如果可以做到，将会有极大的好处。教师将会和学生成为朋友，而不是"敌人"。孩子将会学得更快，因为他和教师同心协力。他学习时会很少感到疲倦，因为他用不着时刻逼着自己控制满含厌烦和抵触的注意力回到学习上。同时还培养了他的个人主动性。因为这些好处，这样的设想仿佛是具备一定的价值的：学生可以在其自身欲望的驱使下学习，而不用教师施以强制。如果发现有少数人使用这种方法没有奏效，那么能够将这些人分离出来，再用别的方法进行教导。不过我相信，上面的这个方法是普遍适用于孩子智力教育的，不能奏效的情况极少。

因为讨论精确时已经说过的那些原因，我不相信可以让一种真正深入的教育变得完全有趣。不管人们对某一学科的求知欲有多么的强烈，都一定会发现这一学科的某些部分是十分枯燥乏味的。不过我相信，如果给予适当的引导，就可以让孩子意识到学习这些乏味部分的重要性，并在不用强制的情况下将它们学完。我觉得应该利用称赞和责备来作为激励因素，按照孩子在布置的任务上的表现优劣予以赏罚。学生是不是具有必要的技能，应该像在游戏或体操中那样一目了然。教师应该将某学科的枯燥部分的重要性讲明。如果所有这些方法都不能奏效，那么只能把这个孩子归入愚钝一类，和才智正常的孩子分开教育，但是有一点一定要注意，那就是不要让这种做法看起来像是一种惩罚。

除了在那些极少数的情形中，就算孩子的年纪还小（比如

4 岁），也不应该让父母来充当教师。教学这项工作是需要一定特殊类型的技能的，诚然，可以学习这种技能，然而大部分的家长都没有学习的机会。学生的年龄越小，需要教师的教学技能就越高。除此之外，在正式教育开始前，因为家长经常接触孩子，所以孩子对父母形成了很多习惯和期望，对教师则不会这样。

而且，家长容易过于关心和渴望自己孩子获得进步。孩子聪明，家长就心花怒放；孩子愚笨，家长就气急败坏。父母不能教育自己的孩子，和医生不能治自己的家人是同样的道理。当然，我的意思并非家长连那种自然而然的施教都不应该有，我只是说他们一般不会是教授学校正式课程的最佳人选，即便他们可以完全胜任对别人的子女的教学。

在孩子的整个教育期间，应该有一种理智上的冒险意识贯穿始终。这个世界到处都是令人困惑的事物，只要锲而不舍，就可以理解它们。茅塞顿开的感觉是非常让人欢欣鼓舞的，每一位出色的教师，都应该可以让学生产生这种感觉。蒙台梭利女士对她的学生们学会书写后的那种快乐进行过描述，我还记得我第一次读到牛顿从万有引力定律推出开普勒第二定律时，我的心简直可以说是陶醉了。如此纯粹和如此有益的愉悦是很少有的。主动且独立的学习可以让学生获得发现的机会，所以和在课堂上讲授所有的内容相比，这样的学习可以让学生的冒险意识更平常，也更强烈。尽量让学生主动地求知，而不是被动地受教，这是让教育成为一桩乐事，而不是一种苦役的诀窍之一。

第十一章
14 岁前的学校课程

　　学校应该教什么？应该怎样教？这是两个关系十分密切的问题，因为如果可以构想出更为合适的教学方法，那么学生可以学到的就会更多。如果学生愿意而非厌恶学习，那情况更会是这样。接下来我暂时假设已经应用了所能想到的最佳教学方法，需要考虑的只是应该教什么的问题。

　　当我们思考一个成年人应该知道些什么：有些东西应该是尽人皆知的，而有些东西则只要有一些人知道就行了，别的人用不着了解。有的人需要掌握医学知识，但是对于大部分人而言，掌握基本的生理学和卫生学知识就足够用了。有的人要精通高等数学知识，但是对那些不怎么喜欢数学的人而言，明白一些最简单的原理足矣。有的人需要熟练掌握演奏长号的技巧，不过万幸的是，并非所有的学生都要练习这种乐器。总体来说，在孩子 14 岁之前，学校的教学内容应该是那些所有人都应该了解的知识；除了特殊情形以外，专业化教育应该在这之后进行。不过话说回来，发现孩子的特长，应该是 14 岁前教育的一个目标，这样孩子的特长就能够在今后得到悉心的培养。所以合适的做法是，任何一个人都应该学习各学科的基础知识，那些不太擅长某一学科的人，就不用继续深造这一学科了。

在确定了每个成年人应该拥有什么样的知识后，我们还要确定一下各学科的教学顺序；我们这里应该自然地按照各学科间的相对难度，先教那些最容易掌握的学科。这两个原则很大程度上决定了小学时期的课程。

我这里有个假定，5 岁的孩子已经知道怎样阅读和书写，这一点是类似蒙台梭利学校这样的幼儿园，或者任何以后建立的、更加完善的幼儿园应该完成的事。在幼儿园，孩子还掌握了比较精确的感官知觉，掌握了唱歌、绘画和舞蹈的基本功，拥有了跟很多孩子在一起时也可以专注于某项教育活动的能力。当然，5 岁的孩子在这些方面的表现是不可能非常完美的，所有的方面都需要在这以后的几年当中得到进一步的教导。我不觉得还不到 7 岁的孩子应该从事任何需要高强度脑力劳动的活动，但是如果拥有了足够的技巧，是能够极大地减少困难的。很多孩子视算术为畏途——我还能想起来自己就曾因为记不住乘法表而号啕大哭，不过如果循序渐进、一丝不苟，比如借助蒙台梭利教具，孩子就不会因为数学的深奥而有灰心丧气的感觉。不过，如果要掌握充分的算术技能，最终还是必须要掌握大量非常讨厌的规则。小学各学科要纳入一种旨在有趣生动的课程，这是所面临的最大难题，即便这样，出于某些实用方面的理由，达到一定程度的熟练还是有必要的。此外，算术可以自然地导向精确：一道加法题的答案要么是对的，要么是错的，绝对不会是"有趣的"，也不会是"有启发的"。这让算术成为早期教育中一个重要的组成部分，无论它有什么样的实际用途。然而它的困难应该被周密地分成不一样的等级，化整为零、由浅入深，每次用在学习算术上的时间也不宜太长。

在我小的时候，所有学科里教学水平最差劲的是地理和历史。地理课让我打怵，历史课其实还可以忍受，然而那不过是因为我向来都喜欢历史。实际上，这两门课是可以教得让年幼的学生心驰神往的。我儿子虽然从来没有上过学，但是他的地理知识丰富程度却已经远超过他的保姆。他之所以具备了这些知识，是因为他喜欢火车和轮船，而这两样东西基本是所有的男孩都会喜欢的。他渴望了解自己想象中那些轮船所要走的航线，当我和他讲前往中国的各段行程时，他会听得全神贯注。而后只要他想要看图片，我就给他看沿途各个国家的图片。有时他非要翻出大大的地图册，在地图上查找相关的路线。他每年坐火车从伦敦到康沃尔两次，其间的旅途让他兴致盎然，火车都停靠哪些车站、各节车厢在什么地方脱离，这些他都如数家珍。他痴迷于南极和北极，同时还为为什么没有东极和西极困惑不已。

他知道法国、西班牙还有美国在大洋彼岸的什么方向，还对在这些国家能看到些什么颇为了解。所有这些知识的获得都没有依赖大人的教导，而是他热切的好奇心的成果。一旦结合了旅行的观念，几乎所有的孩子都会对地理产生兴趣。如果我来做地理教师，我的教学将主要是这样的形式：主要通过影片来将旅行者的旅途所见展示，以图片和旅行者的故事作为辅助。地理知识是有用的，不过缺乏理智上的内在价值；但是在地理知识通过图片而变得十分生动直观时，它就具备了培养想象力的价值。了解了有的国家骄阳似火，有的国家地冻天寒，有的国家群山连绵，有的国家一马平川，了解了有黑色人种、黄色人种、棕色人种、红色人种还有白色人种，将是一件十分有益的事。这类知识能够减少熟悉的周边环境对想象力的束缚，并可以让孩子在今后的生活中觉得远方的国家是真实存在的，否则如果不去实地旅行的话，这种感觉是很难获得的。因此，在幼儿的教学中，我要讲授大量的地理知识，我不相信孩子们会讨厌这门学科。随后我会发给他们一些书籍，这些书籍里包含图片、地图和世界各地基本信息，再让他们收集介绍各国特点的短文。

这些适合地理的教授方法更适合历史，不过孩子要年龄稍长些才可以学习历史，因为时间意识在早先还没有成熟。在我看来，孩子在 5 岁上下开始学习历史是有好处的，一开始可以阅读配有大量图片的名人逸事。我在那个年纪的时候，就有一本讲述英国历史的图画书。马蒂尔达皇后在阿宾顿踏冰越过泰晤士河的故事，给我留下了深刻的印象，以至后来 18 岁的我穿越泰晤士河时还有些紧张，总感觉斯蒂芬国王在我的身后穷追不舍。我相信，不会有哪个 5 岁的男孩会对亚历山大大帝的事迹无动于衷。至于哥伦布的故事，或许更多的是属于地理的而不是历史的；我能够证实，未满 2 岁的孩子就会对哥伦布有兴趣，至少那些知道大海的孩子都是这样的。孩子到了 6 岁时，应该已经能够学习世界简史了，给他用的书籍，差不多应该采用韦尔斯先生或者房龙先生那样的写法，进行必要的简化也可以，并配上图片，如果条件允许，使用影片也是可以的。如果孩子住在伦敦，那么不妨带他去自然历史博物馆参观各种珍禽异兽；不过我不会在孩子 10 岁之前带他去大英博物馆。教历史时一定要注意的是，绝对不要将我们自己感兴趣的那些方面强加在孩子身上，直到孩子成熟到能够理解它们。孩子最初就对两个方面的东西产生了兴趣：一个是从地质时期到历史时期，从野蛮时代到文明时代之类的总体进程；一个是出现饱含同情心的英雄人物的历史事件，这些事件被他们当作戏剧故事来看。不过在我看来，我们应该牢记这一观念，将其作为指导思想：进步是缓慢而曲折的，往往为我们承袭自动物那里的那种野蛮性所妨碍，但是通过知识，进步一点点地将我们引向对自身和环境的掌控。这一观念的意思是，作为一个整体，人类在同时和外部的混乱和内部的愚昧做斗争，微弱的理性之光越来越强盛、大放光明，将漫漫长夜驱散。应该将不同种族、不同民族、不同信仰之间的隔阂视为愚蠢之举，这些只会让我们在对混乱和愚昧的斗争中分裂，而唯有这种斗争，才算得上真正的人类活动。

假设我来讲授上面的这些观念，我首先会给出关于这一主题的例证，至于主题本身，就算要讲，也会放在后面。我会展示寒风中的野蛮人瑟瑟发抖，啃食着地上野果的情景；我会展示火的发现还有其影响，与此相关，正好说一说普罗米修斯的故事；我会展示农业在尼罗河流域是如何开端，还有羊、牛和狗是如何驯化的；我会展示船舶的发展历程，从独木舟到巨型邮轮，还有从穴居人的部落到伦敦和纽约这样的大都市，城市是如何发展的；我会展示古希腊的昙花一现、古罗马的波澜壮阔、中世纪的暗无天日，还有科学的翩然而至。所有这些内容，即便是对十分幼小的孩子，也可以将具体的情节讲得引人入胜。我不会避而不谈战争、迫害和残暴，但是我不会赞赏那些军事上的胜利者。我的历史教学里面，那些通过自己的行动来消除人类内部和外部黑暗的人——佛陀、苏格拉底、阿基米德、伽利略还有牛顿，以及一切帮助我们掌控自身或者自然界的人，才是真正的胜利者。因此，我准备树立这样的观念：人类是拥有高贵而壮丽的使命的。倘若我们重蹈覆辙，实施战争还有别的野蛮行径，就是背离了这项使命；我们只有在增进人类的支配能力上为世界做出贡献时，才算得上不辱使命。

在校的头几年，应该为舞蹈的学习留出一定的时间，舞蹈不仅可以为孩子们带来非常大的快乐，还会对身体和培养美感有很大的帮助。学会基本的动作之后才能够教集体舞，这是一种易于幼儿理解的合作方式。唱歌也是一样的道理，即使唱歌应该比舞蹈开始得略晚一些，因为它首先不像舞蹈那样可以提供运动方面的乐趣，而且唱歌的基本功练习更难。尽管也是有例外存在的。大部分儿童都很喜欢唱歌，而在学会了儿歌以后，应该让他们学习真正的优美歌曲了。先败坏孩子的品位，而后又试图高雅，这是没有任何道理的，充其量能够使人变得装腔作势。和成人一样，孩子们的音乐才能也是差距极大的，所以，一定要为从较高年级里挑选出来的一部分孩子，开设难度更高的唱歌课程。对这些孩子而言，唱歌不应该是强迫的，而应当是自愿的。

文学教育是一件很容易犯错的事情。不管大人还是孩子，掌握了大量和文学有关的知识，比如知道了诗人的年代及其代表作的名称等，是没有任何用处的。只要是可以被编成手册的东西，都没有任何价值可言。熟读一些范文才是重要的——这种熟读不仅可以对写作方式构成影响，还会对思维方式产生影响。

过去，英国儿童在这方面从《圣经》中受了益，后者无疑对散文风格也产生了积极的影响，但是现代儿童能熟知《圣经》的非常少。在我看来，如果没有背诵，文学作品的作用就会大打折扣。过去提倡将背诵作为训练记忆力的方法，然而心理学家已经证明，它在这方面的效果微乎其微——如果不是完全没有效果的话。现代的教育家越来越不重视背诵，不过我觉得他们是不对的，这并非因为背诵对记忆力的提高有什么好处，而是因为它具备美化口语和书面语的作用。言辞应该是思想的自然表达，不应该刻意求工；然而在一个已经丧失了基本的审美冲动的社会，为了实现这一点，我相信一定要培养一种只有通过熟知文学佳作才会产生的习惯。这就是我认为背诵重要的原因。

但是，只是记住"慈悲并非出自勉强，它像甘霖一样从天上降落凡尘""世界是一个舞台，所有的男男女女无非是一些演员"之类的套话，会让大部分的孩子觉得厌烦还有做作，从而无法实现背诵的目的。将背诵和表演结合起来的做法更好，因为所有的孩子都喜爱表演，于是背诵就成为孩子进行表演的必要手段。孩子在3岁以后就喜欢扮演角色，他们这样做是发乎自然的，然而倘若教给他们更加精巧的表演方式，他们会欣喜异常。我还记得自己表演布鲁图斯和卡西乌斯吵架的一幕，朗诵下面这句诗时那种强烈的愉悦：

> 我宁愿做一条向月亮狂吠的狗，
>
> 也不愿身为这样一个罗马人。

　　参演《裘力斯·凯撒》《威尼斯商人》或者别的适合的剧目的孩子，不仅可以把握他们本身的角色，也可以了解大部分别的角色。剧情将会久久地停留在他们的脑海里，并让他们津津乐道。文学佳作终究还是以怡情为宗旨，如果孩子们无法从中收获乐趣，也就没什么可能从中获益。所以我认为，儿童早年的文学教学，应该只是学习角色扮演就可以了。此外，孩子应当可以自愿地从学校的图书馆借出色的故事书阅读。现在人们为孩子们写的读物愚蠢而又滥情，这是对孩子的敷衍和侮辱。这一点，只需要对比一下《鲁宾孙漂流记》的郑重态度就清楚了。不管是对待儿童还是别的事情，滥情都是不具备设身处地的同情心的产物。任何一个孩子都不会觉得稚气是可爱的，他们希望自己可以尽早地学会像大人那样行事。因此，儿童书籍绝对不能用稚气的方式，来表现一种看起来迎合、实际是倨傲的快乐。很多现代儿童书籍愚不可及、矫揉造作，着实令人作呕。它们或者让孩子陷入闷闷不乐，或者让孩子在心智的成长方面迷失了方向。所以，最好的童书应该是那些虽然是为成年人写的，但是刚好也适合孩子的作品。是为孩子写的，不过成年人也爱不释手的书籍，比如利尔和刘易斯·卡罗尔的作品，只能是一种例外。

怎样学习现代语言是一个很难解决的问题。童年时期能流利地掌握一门现代语言，到后来就再也不能了。所以，我们有充分的理由在孩子小的时候教授语言，如果条件可以的话。有的人会担心如果过早地学习外语，是否会对掌握母语造成影响。对这个我不以为然。托尔斯泰和屠格涅夫虽然在幼年时就学习了英语、法语还有德语，但是并没有影响他们在俄文上拥有高超的造诣。吉本用法语写作挥洒自如，但这并没有对他的英文风格造成破坏。在整个 18 世纪，任何一个英国贵族年少时都要学习法语，还有很多人学习意大利语，然而他们的英文水准远超他们的现代后裔。如果一个孩子可以用不同的语言和不同的人说话，那么他那种设身处地的本能会避免他混淆了各种语言。我小时候是同时学的英语和德语一直到 10 岁，我和保姆还有家庭教师说话都是用德语，随后我又学了法语，并用法语和私人教师、家庭教师说话。我从来没有将这两种语言和英语弄混过，因为它们是在不同的人际关系里的。在我看来，如果要教一门现代语言，应该选择以它为母语的人作为教师，这不仅是因为这样可以让孩子学得更好，还因为和母语相同的人讲外语相比，孩子同外国人讲外语会更自然一些。因此我认为，每个小学都应该有一名法国女教师，条件允许的话也应该有一名德国女教师，一开始的时候是个例外的时期，她们不必正式地用自己的语言来教孩子们，而应该和他们交谈，一起做游戏，并让他们对话语的理解和回答来决定游戏的胜负。她可以从"雅克兄弟"和"在亚维农的桥上"开始，一点点进行较为复杂的游戏。通过这样的方式来学习语言，既没有任何精神上的疲倦，又充满了表演的乐趣。另外，和任何以后的时期相比，这个时期学习语言的效果都是最为理想的，并可以节省宝贵的教育时间。

成长到14岁的前几年，比如12岁，才可以开始讲授数学还有自然科学。当然，这里我假设孩子已经学过了算术，并且某些有趣话题，诸如天文和地理、史前动物、著名探险家等，已经在学生中间自然而然地流行了起来。不过，我眼下考虑的是正式教学——代数与几何，物理和化学。一部分孩子是喜欢代数与几何的，但是大部分学生是不喜欢的。这个问题，是不是应该完全算在不当的教学方法头上？对此我是颇为怀疑的。理解数学的能力和音乐才能一样，主要是一种天赋，我确信具备这样天赋的人凤毛麟角，甚至即使具备中等天赋的人也没有几个。即便这样，为了发现那些数学天才，还是应该让所有的孩子都去尝试一下数学。而且就算有些学生对数学只是浅尝辄止，他们依然会从对这门学科的了解中获益。良好的教学方法，基本可以让每个孩子都明白几何的原理。代数则不一样，它比几何更加抽象，那些思维无法脱离具体事物的人是根本理解不了它的。如果教学得当，喜欢物理和化学的人可能会多于喜欢数学的人，虽然这种爱好仍然只存在于少数年轻人当中。12岁到14岁这一年龄段的数学还有自然科学教学，应当都只限于发现孩子是不是具备相应的天资。当然，这并非一下子就可以弄清楚的。起初我很不喜欢代数，不过后来我在这方面表现出了一些才能。在有些事例中，孩子到了 14 岁还无法确定他是否具备才能。如果是这种情况，还应该将对孩子的试验持续一段时间。不过在大多数的情况下，14 岁时就能下定论了。有些孩子确凿无疑地喜欢并在这些学科上表现出色，其他孩子则厌恶并在这些学科上表现很差。

一个聪明的学生却不喜欢数学和自然科学，或者一个有些愚笨的学生却喜欢它们，这样的现象是极为罕见的。

这些关于数学和自然科学的说法，也同样适用于古典学科。12 岁到 14 岁这个年龄段，拉丁文教学应该只到这一程度：足以显示出哪些孩子对这门学科非常喜欢，并在这一方面具备天赋。在我看来，到了 14 岁，应该按照学生的爱好和天资，开始施行具有一定程度专业化的教育了。在此之前的最后几年，应该用在将随后几年里要专攻哪一学科这件事弄清楚。

户外活动教育应该是在整个小学期间持续进行的。对富家子女而言，这件事不妨交给他们父母去做，不过对于别的孩子而言，学校就一定要部分地承担这个重任了。我说的户外活动教育指的并不是游戏。当然游戏也是很重要的，这一点已经得到了公认，不过我考虑的是不一样的东西：和农业生产过程有关的知识、对植物和动物的熟悉、园艺技能、到乡间观察的习惯，等等。我惊讶地发现，城里人搞不清楚指南针上的方向，对太阳的运行路线一无所知，甚至都找不出房屋的背风面，甚至有些连牛羊都具备的知识，城里人都缺乏。这是完全在城市生活的结果。如果我说这就是工党无法在农村选区获胜的原因之一，人们可能会觉得这未免有些荒唐。不过这绝对是

城市人和所有原始而根本的事物彻底绝缘的原因。这让他们的
人生态度变得浅薄、琐碎、轻浮——固然并不是始终这样，但
也是常常这样。季节和气候、播种和收获、作物和牲畜，都跟
人类有重要的关系，只要我们无法彻底地脱离大地，任何一个
人都应该亲近并熟悉它们。有了户外活动，孩子们就可以将这
些知识全部获得，户外活动还对健康很有好处，只是因为这
个，这些运动就是值得从事的。城市的孩子去了乡村时那种欢
呼雀跃，是一种巨大的需求得到了满足的表现。只要这种需求
还没有得到满足，我们的教育制度就不能称为是完善的。

第十二章
最后的学年

　　在我看来，15 岁那年的暑假过后，那些想要开展专业化学习的孩子就能够如愿以偿了，而大多数孩子都会是这样的情况。如果孩子还没有确定的偏好，那么最好是将其接受全面教育的时间延长。而如果孩子的表现十分优异，那么不妨提前专业化教育的开始时间。教育中的一切规则，都应该是能够因为特殊的原因而破例的。但是我主张作为普遍的规则，智力在平均水平以上的学生应该在 14 岁上下开始专业化的学习，而在平均水平之下的学生一般没有必要在学校接受专业化教育，除了是接受职业训练。在这本书里，对这个话题我没有谈任何看法。但是我不相信应该在 14 岁之前开始职业训练，即使到了14 岁，我也不相信职业训练应该将学生的所有上学时间都给占满了。我没准备讨论它应该占去多少时间，或者接受这种训练的应该是所有的学生还是一部分。这些问题所引出的经济和政治议题，和教育只有间接的关系，并且不是三言两语就能说清楚的。所以我在这里只讨论 14 岁以后的学校教育。

　　学校的课程被我分为三大类：（1）古典学科；（2）数学和

自然科学；（3）现代人文科学。最后一类里面包括现代语言、文学还有历史。在每个分类里面，学生在毕业之前可能会进一步专业化，不过我假定这种专业化不会发生在18岁以前。显然，修习古典学科的学生都一定会学习拉丁文和希腊文，不过一部分人会侧重前者，而另一部分人会主攻后者。在开始时数学和自然科学应该一起学，不过有些自然科学学科是不用有太多的数学知识也可以取得不错的成绩的。事实上，有很多著名的科学家其实都是蹩脚的数学家。所以到了16岁，应当允许孩子专攻数学或自然科学，不过也不能将没有选修的那一门完全放弃。类似的看法对现代人文科学也是完全适用的。

有些学科具有极高的实用价值，所有的人都一定要学习，这里面应当有解剖学、生理学和卫生学，学到满足成年人日常生活所需的程度就可以了。但是这些科目可能应该在更早的阶段学习，因为它们和性教育存在自然的关系，而后者应当尽量在青春期之前开展。有些人反对过早地讲授这些科目，他们的理由是如果教得太早，在还没有用到它们时就把它们给忘了。我想，这个问题唯一的解决办法，就是教两次：在青春期之前简明扼要地教一次，提纲挈领地说一说就行；青春期之后再教一次，这一次就要和关于健康和疾病的基础知识结合在一起了。

我认为，所有学生还应该了解议会和宪法，不过在讲授这类科目的时候，一定要注意，不能沦为政治宣传。

关于教学方法和教学宗旨的问题要比课程的安排更为重要。这方面的主要难题是，怎样才能兼顾教学内容的趣味和难度。严谨而细致的研究，应该再配合关于所研究内容的通论性书籍和讲座。在开始对古希腊戏剧进行研究之前，应该让学生先去阅读吉尔伯特·默里或别的有诗才的翻译家的译文。数学则不妨偶尔利用讲座让上课形式多样化，讲座的内容可以是数学发现的历史、数学各分支对自然科学还有日常生活的影响等，还要对学生进行暗示，在高等数学中，是能够发现让人愉快的东西的。同样，对历史的细致研究也应该用一些精当的概论作为辅助，即便这些概论里面有一些值得怀疑的结论。教师可以告诉学生，这些结论可能是有问题的，并鼓励他们进行思索：他们现在所掌握的详情对这些结论是支持的还是排斥的。自然科学方面，读一下概述新近研究的科普著作是有必要的，这样可以了解个别事实和规律所服务的一般科学目标。所有这些对促进严谨和细致的研究是有帮助的，不过如果用它们来取代后者，那将是有害的。绝对不可以让学生以为，求知是可以走捷径的。这是现代教育真实存在的危险，归因于人们对旧式严苛训练的反对。旧式的严苛训练所包含的脑力劳动并不是坏的，它的坏在于扼杀了理智的兴趣。我们一定要想方设法让学生保持勤奋，但采用的方法应该和旧时的惩戒性方法有所区别。我相信这是可以做到的。在美国能够看见这样的人，他们在大学本科时浑浑噩噩、无所事事，但是进了医学院或法学院就开始刻苦攻读，因为他们终于能够做他们觉得重要的事情了，这就是问题的本质了：让学业成为学生眼中重要的事情，他们就会努力学习。但是倘若教师让学习变得过于容易，学生会近乎本能地明白教师传授给他们的这些知识，并不是真正值得拥有的。聪明的孩子愿意用难题来测试自己的头脑。如果教导得当并将恐惧消除，很多现在看起来愚笨懒散的孩子都是能够变得聪明伶俐的。

在整个教育期间，应该尽量将学生的主动性激发起来。该怎样激发幼儿的主动性，蒙台梭利女士已经指明了方法，不过对于较大年龄的孩子，我们得采用其他的方法。我想，这样一点是获得了开明的教育家们公认的：和一般的做法有别，将自习的时间大幅度增加，同时将上课的时间大幅度减少，虽然应该让孩子们在教室里一起进行自习。图书馆和实验室应当够用而且宽敞明亮。应该将学校工作日的相当一部分时间留出来，留给学生们进行自愿的自主学习，不过学生应该写一份说明，内容是对他们研究内容的描述，还要写一份概要，报告他们都学到了哪些知识。这对记忆有帮助，让阅读目标明确，不会杂乱无章，并让教师可以按照每个学生的不同需要，给予对症下药的指导。学生越聪明，就越用不到指导。对于那些不怎么聪明的学生，则一定要给予大量的指导；不过即便是指导这类不怎么聪明的学生，也应该使用提示、询问和鼓励这样的方式，而非命令。不过，教师也应该指定一些主题，让学生练习这样一个过程：查清关于某个指定主题的事实，并用有条有理的方式把它们表述出来。

在正课以外，还应当鼓励学生对现在所争论的重大政治、社会乃至神学问题进行关注，应该鼓励他们去对这些争论中的各方意见进行了解，而不是知道正统一方的意见。如果有学生对其中一方的观点产生了强烈共鸣，那么应该和他们说怎样找出支持他们观点的论据，并且应该让他们和那些观点相反的学生进行辩论。以确定真理为目标的严肃辩论价值极大。在辩论的过程中，教师一定要记住不能偏向任何一方，即便他或她自己有明确的主张。如果几乎所有的学生都支持其中的一方，那么教师就应该对另一方表示支持，并说清楚自己这样做不过是出于辩论的目的。此外，教师的角色应该只限于出来纠正双方辩论中事实上的错误。利用这些方式，学生就能明白讨论乃是探求真理的手段，而非靠着如簧巧舌取胜的比赛。

如果我是学校招收高年级学生的负责人，我会认为，回避或者鼓吹时事热点都是不可取的。让学生认为他们所受的教育对他们处理社会热议的问题有帮助固然是件好事，这让他们觉得学校教育并没有与现实世界脱节。不过我不会将我自己的看法强加给学生。在学生面前，我应该以身作则，科学地看待现实问题。我期望他们可以拿出真正是论据的论据，拿出真正是事实的事实。在政治上这种习惯尤其可贵，也尤其稀缺。一切狂热的政治党派都会故弄玄虚，以此来确保它的教义安枕无忧。激情常常会将理智扼杀，相反在知识分子的身上，理智也常常将激情扼杀。同时避免这两种不幸，这是我的目标。激情和理智都是可取的，只要它们不具备破坏性。我认为基本的政治激情是建设性的，并要想方设法让理智为这些激情服务。不过理智所服务的这些激情一定要是真实的、客观的，而不能是单纯的空想。当现实世界无法让人满意，我们往往都会将希望寄托在一个想象世界上，在那里，不用什么艰苦努力，就能让我们的愿望得到满足。实际上这是一种癔症，也是民族主义、神学还有阶级神话的根源。它体现了现在世界里差不多普遍存在的一种人性弱点，将这种人性弱点克服，应该是后期学校教育的目标之一。克服的办法有两种，这二者都是必要的，虽然在某种意义上它们是相互对立的。一种办法是，让我们对自己在现实世界里可以达到什么目标的判断力提升；一种办法是，让我们对现实在破除我们幻想方面的作用有更清楚的认识。两者都包含在这一原则里：不要主观地生活，要客观地生活。

堂吉诃德是典型的主观性例子。他第一次做一个头盔时，对它的抗击打能力进行了测试，并把它打变了形；第二次做的头盔他并没测试，然而"认定"它是一个很棒的头盔。这种"认定"的习惯可以说是支配了他的一生。但是，只要拒绝面对那些不愉快事实的人，都是属于这一类的，我们都是堂吉诃德，只是程度不同。假如堂吉诃德在学校里学过怎样制作上好的头盔，又或者他身边的朋友都拒绝"认定"他所愿意相信的东西，那么他也就做不出这样的事。习惯生活在幻想里面，在幼儿时期这是正常且正当的，因为幼儿是有一种非病态的无能的。

不过随着孩子的长大成人，他们一定会越来越清晰地认知到，只有迟早能转变为现实的梦想才是有价值的。男孩们在相互纠正纯粹的个人主张方面是值得表扬的；在学校当中，个人在同学里想抱有唯我独尊的幻想是很难的。然而制造神话的力量还会在别的方面活跃，并且往往会得到教师们的配合。"我们的学校是世界上最优秀的学校。""我们的国家永远都是正确的，永远战无不胜。""我们这个社会阶层（如果自己是有钱的人）要远比任何其他阶层都要优秀。"所有这些都是不可取的神话。它们让我们"认定"自己有一个上好的头盔，然而它会被其他人的长剑一劈两半。于是，这些神话助长了懒惰，最终酿成灾难。

就像在别的很多情形里一样，这种心理习惯要想得到矫正，一定须用理性预测不幸之事来取代恐惧。恐惧让人们不想去面对真实的危险。一个太过主观的人如果在半夜被"着火了"的喊声惊醒，可能会觉得必然是邻居家失火，因为自己家失火这个事实太恐怖了，他可能就此将原本可以逃生的机会失去了。诚然，这种情况只会出现在病态的事例中，然而在政治上类似的行为却是屡见不鲜的。在那些只有通过思考才会找到正确解决途径的情形中，恐惧成为一种灾难性的情绪。因此，我们希望可以没有任何惧意地预见可能发生的灾祸，并运用我们的理智实现避免并非无法避免的灾祸的目的。对于那些实在避免不了的灾祸，那么只有用大无畏的精神应对，不过这个并非我现在所要讨论的。

在前面一章中关于恐惧的说法，我不想再重复一次了，现在我只关注理智领域里面作为诚实思考的障碍的恐惧。在这一领域里，和成年之后相比，年轻时是更容易克服恐惧的，因为和基于某些前提而生活的成年人相比，孩子因为改变观念而导致非常大的不幸的可能性更小一些。所以，我要是一位教师，就会鼓励高年级的学生们，让他们在理智方面养成相互争论的习惯，即使我心目中的重要真理被他们质疑了，我也不会去阻止他们。我要以让学生学会思考为己任，这种思考是非正统的，甚至可以说是异端的。我绝不会拿理智来作为代价，换取道德上那些虚幻的利益。人们通常认为得灌输谎言，才能传授美德。在政治上，我们不遗余力地将本党那些杰出政治家的丑行劣迹掩盖起来。在宗教上，我们要是天主教徒，就会去把教皇的罪过隐瞒起来，要是新教徒，被隐瞒的就是路德和加尔文的罪过。关于性的问题，我们在年轻人面前谎称贞操是普遍存在的，虽然实际上并不是这样的。在所有国家，如果是某些被警察部门认定容易惹麻烦的事实，就会甚至连成年人也不可以知道。在英国，审查员不允许表演忠实于生活，因为他们认为，不利用欺骗，是无法诱使民众向善的。

所有这些态度都有某种虚伪的成分。让我们知道真相吧，无论真相是怎样的，接下来我们才可以理性地行动。专权者不让被奴役者了解真相，好可以在关于自身利益的看法上对他们进行误导，这是能够理解的。让人无法理解的是，民主国家也愿意制定为了防止民众了解真相的法律。这是一种集体的堂吉诃德主义：他们坚决不让别人和他们说，头盔没有他们愿意相信的那么好。这种怯懦态度实在可悲，是自由的人们接受不了的。在我的学校里，不应该存在任何一种知识的障碍。我要利用正确的培养本能和激情，而不是撒谎和欺骗来寻求美德。在我想要的美德里面，没有恐惧且没有任何限制地追求知识是一个基本要素，没有它，美德剩下的部分也就一文不值了。

我的意思其实就是应该培养科学精神。有不少优秀的科学家除了他们的专业领域，就不具备这种精神了，我要努力让它无处不在。科学精神首先要具备一种发现真理的愿望，这种愿望越强烈越好。此外，它还包括了一部分的理智品质。一定要先怀疑，再根据证据做出判断。事先设想我们已经知道证据将要证明的东西是绝对不可以的。我们也绝对不能满足于一种懒惰的怀疑主义，这种观点认为客观真理是得不到的，一切证据都是不确定的。我们应该承认这样一点，就算是我们最为肯定的那些信念，可能也是需要进行一部分修正的，然而人力所能达到的真理是一个程度的问题。和伽利略之前的时代相比，我们现在的物理学信念里的错误肯定更少。和阿诺德博士相比，我们现在和儿童心理学有关的信念肯定是离真理更近的。在每个例子中，进步都来自于用观察取代了偏见和激情。正因如此，事先的怀疑才这样的重要。所以，一定要教学生这一点，还要教给他们如何收集证据的技能。在现在这样一个世界：宣传家在竞相持续向我们鼓吹谎言，在劝诱我们服下药丸毒害自己，还有用毒气相互残害，这种批判性的思维习惯弥足珍贵。那些不断重复的论调很容易让人信以为真，这是现代社会的祸患之一，对此学校一定要尽力做好防范。

在最后的几学年甚至更早一些，学生在理智上应该有一种冒险意识。在学生将规定的任务完成后，应该给他们机会去独立发现那些令人兴奋的事物，所以规定的任务不能太繁重。应该给予学生表扬时，一定要表扬；而学生如果犯了错误，虽然一定要指出来，但是不应该指责他们。千万不能让学生因为觉得自己愚笨而感到羞耻。教育的一大动力是让学生感到自己存在成功的希望。那些让学生讨厌的知识没有什么用处可言，而学生如饥似渴吸收的知识则可以成为永恒的财富。使你的学生认清知识和现实生活的关系，并让他们知道怎样用知识改变世界。教师应该始终是学生的朋友，而非天敌。只要在人生的早期接受了良好训练，这些教训足能够让绝大多数的孩子以求知为乐。

第十三章

走读学校和寄宿学校

我认为，将一个孩子送进走读学校还是寄宿学校，一定要按照具体的环境和孩子的性格来判断决定。任何一种体制都有其优点，一种体制在某些情况下可能优点更多，而在别的情况下，另一种体制可能就有更多的优点。这里我准备提出一些论据，这些论据是我在决定自己孩子怎么择校时所看重的，而且我觉得，别的尽职尽责的父母也许也能重视它们。

第一个要考虑的因素是健康。无论现实学校中的真实情况怎样，有一点是显而易见的，那就是学校在这方面所能做的，要比大部分家庭都科学、细致，这是因为学校可以雇用拥有最新知识的医生、牙医以及生活教师，而忙碌的家长们对医学也许是比较无知的。而且，学校能够设在对健康有益的地区。对于那些居住在大城镇的人而言，只是这一点就可以对他们选择寄宿学校提供非常有力的依据。能在乡村生活中度过大部分的时间，显然对年轻人更有好处，所以倘若他们的父母一定得居住在城里，那么这些父母就应该送孩子去乡下读书。不久之后，这种论据的效力可能就没有这么大了，比如，伦敦的卫生健康条件正在逐渐得到改善，而且有了人工紫外线的应用，或许也可以达到乡村的卫生健康水平。但是，就算可以将疾病减少到和乡村一样的水平，城市里还是会有极大的精神压力。不管是对孩子还是对成年人，无休止的噪声都是有害的，旖旎的田园景致、山间的清风、雨后的泥土芬芳还有璀璨的群星，这些都应该留在每个人的记忆里。所以在我看来，不管城市的卫生健康条件怎样改善，对年轻人来说，一年中的大部分时间都在乡下生活还是很重要。

一个支持选择寄宿学校的论据是可以节省往返的时间，当然这个论据比较次要。大多数人家附近并没有真正优秀的走读学校，孩子上学可能得走很远的路。和前一个论据对城市居民而言最具说服力不同，这个论据对乡村居民而言最具说服力。

倘若想尝试对教育方法实施任何革新，基本都是要先在寄宿学校进行试验，因为相信改革的家长都集中住在一小片区域里是不太可能的。这一点对婴儿不适用，因为他们并不是彻底地接受教育当局的管理，所以蒙台梭利女士和麦克米伦小姐可以在穷苦人家的孩子身上进行她们的实验。相反的是，在公认的上学期间，只有富人才可以获准在他们的孩子身上从事教育实验。他们中的大部分人自然都喜欢旧式的传统教育，少数的期望其他种教育的人则散居各地，不管哪个地区，都无法支撑起一所走读学校。像贝德尔斯那样的教育实验，也只能在寄宿学校里开展。

但是，支持选择走读学校的论据也非常有力。生活的许多方面在学校里都不会表现出来：学校是一个人造的世界，这里的问题与外面世界的问题大不一样。假如有一个男孩只在假期回家，这时家人们都对他嘘寒问暖，和一个每天都回家的男孩相比，他所获得的生活知识也许就少很多了。现在女孩出现这种情况的比较少，因为在不少家庭里面，女孩要比男孩做更多的家务劳动，不过随着她们的教育和男孩的教育同化，她们的家庭生活将变得和男孩类似，她们现在所拥有的不少家务知识也将会消失。在十五六岁之后，让孩子为父母分担一些事务和担心是件好事——不过也确实不能分担太多，因为那会影响学业，不过还是要分担一部分，避免他们无法意识到大人也是具有他们自己的生活、自己的利益和自己的价值。学校里年轻人是最重要的，学校所做的一切都是在围着他们转。在假期里，家庭的氛围一般又会为年轻人所主导。于是，他们容易变得冷漠和骄横，无视成年人生活的不易和艰辛，并漠不关心自己的父母。

这种状况容易对年轻人的情感产生消极的影响。他们对父母的感情会变得淡薄，并且他们绝不会学着自己进行调整，好能够和那些爱好和追求都和自己不一样的人相处。我觉得这会导致一种自私的完善，即认为自己的人格是卓尔不群的。最能够自然地纠正这种倾向的是家庭，因为它是由年龄不一样、性别不一样还有职责不一样的人所组成的一个单位，它是一个有机体，和同类个人所组成的集体不一样。父母之所以爱孩子，主要的原因是他们在孩子的身上费尽了心血；如果父母对孩子毫不用心，孩子也就不可能将他们放在心上。然而他们付

出的心血一定是合理的，即只付出必要的程度，不要对他们
自己要做的工作和要过的生活造成影响。年轻人应当学习的
一件事情就是尊重他人的权利，和别的地方相比较，这一点
在家里更容易学会。让孩子明白他们的父亲会因为忧虑而导
致心力交瘁，他们的母亲会因为成堆的琐事而精疲力尽，这
对他们是有好处的。让孩子在青春期还保持活跃的孝心也是
有好处的。一个没有亲情的世界会变得刻板而冷酷，这个世
界的成员都是一些飞扬跋扈之徒，一旦碰壁，又会变得只会
阿谀奉承。我担心，这些消极的后果在一定程度上是将孩子
送进寄宿学校导致的。我觉得这种后果的严重性足以将寄宿
学校的许多优点抵消了。

　　现代心理学家坚称，父亲或母亲过分地影响孩子极为有
害，这个论断当然千真万确。但是倘若像我所建议的那样，
在孩子2岁或3岁起就将其送到学校，那么我相信这种情形基
本不会出现。我认为孩子很小就上走读学校，是父母支配一
切和父母无足轻重二者之间的恰当折中。

　　就上面的一系列考虑来说，如果再有一个美满的家庭，
那么显然这种做法对孩子的成长来说就是最合理的。

　　对于那些生性敏感的男孩而言，让他们身处完全由男孩
组成的群体里，是存在一定危险的。12岁左右的男孩基本
处在情感淡漠、举止粗率的阶段，在前不久，一所著名的公
学里，有一个男孩被打成了重伤，只是因为他对工党表示同
情。那些和普通人有不同爱好和观点的男孩，在这种环境当
中极有可能遭受极大的痛苦。哪怕是在现在最现代、最进步

的寄宿学校里，在布尔战争期间，那些亲布尔人的学生日子也不好过。只要是爱读书或不厌学的男孩，一般都会不受待见。在法国，那些最聪明的男孩都去高等师范学校就读了，不再和一般男孩在一个学校上学。这种做法的确有很多优点。它能够让那些才智过人的孩子避免神经受损，以致去巴结那种资质平平的庸人，而这样的事情在英国俯拾皆是。它可以让那些不受欢迎的男孩摆脱原本一定会遭受的压力和痛苦，还可以让那些聪明的男孩获得适合他们的教育，和面向普通孩子的教育相比，这种教育在进度上要快很多。不过在另一方面，这样的做法也会在今后的生活里面，将知识精英和普罗大众分隔开来，有可能会让他们对普通人没有应有的理解。即便存在这种潜在的缺点，和英国上层阶级的做法，也就是折磨那些拥有卓越品德或杰出头脑的男孩相比，我还是觉得总的来说，这种做法要更好一些。

不过，男孩们的粗蛮并不是无法矫正的，实际和过去相比，这种情况已经很少见了。《汤姆·布朗的求学时代》这本书里面描述了一派阴暗的景象，倘若将这样的描述用在目前的公学里，未免有一点夸张。如果这些学校里的男孩们接受了我们前面几章所说的那种早期训练，那么这种描述就更不合适了。就像贝德尔斯中学所表明的，在寄宿学校男女合校教育是可能的，我认为这样的做法能够让男孩们变得文明。对于两性之间的天然差异，我并不想贸然承认，不过我觉得和男孩相比，女孩一般不会有殴打等欺负异类的行为。但是，现在可以让我放心大胆地把一个在智力、品德还有感受性方面处在平均水平以上的，或者在政治上不保守、神学上不正统的男孩送去学习的寄宿学校，真的是凤毛麟角。我确信，对这样的男孩而言，为富家子弟所设的现有公学体制是有害的。然而那些具有非凡才能的人，几乎都是处在这样的男孩里面。

在刚才的讨论里，同时存在支持和反对寄宿学校的论据，只有两点是基本的，是不变的，而且这两点还是对立的关系。一个是乡村、空气和空间的益处，另一个是亲情和通过对家庭责任的了解所获得的教育。对于那些生活在乡下的父母来说，还有一个理由支持寄宿学校，那就是在他们的附近有一所真正办得好的走读学校希望不大。鉴于这些相互矛盾的考虑，我觉得得出一个可以普遍适用的结论是不可能的。如果孩子强健而充满活力，那就不用专门考虑健康的问题，然后支持寄宿学校的理由就有一个不存在了。倘若孩子对父母感情深厚，那么支持走读学校的理由也就有一个不存在了，因为假期足够父母和孩子维系亲情了，住校刚好能够避免这种情感过度发展。那些才能出众而又敏感的儿童最好不要到寄宿学校就读，如果是十分极端的情形，他甚至以不去学校为好。当然，一所出色的学校要优于一个坏的家庭，一个出色的家庭则要胜过一所坏的学校。如果学校和家庭都不错，那就得先对它们的优点进行权衡，再做决定。

说到这，我的分析都是站在经济宽裕的家长的角度的，对他们而言是可以进行个人的选择的。要是站在社会的角度，从政治上对这一问题进行考虑，那涉及的其他因素就有很多了。一方面要考虑寄宿学校的费用问题，另一方面如果孩子经常不住在家里，又可以让住房问题得到简化。我坚决主张，除了极少数情形之外，所有的人都应该在学校接受教育直到 18 岁，在 18 岁之后，才能开始专门的职业训练。即使我们现在讲到的两种方式都不乏推荐的理由，然而对于大部分工薪家庭的孩子而言，这一问题将长期取决于经济上的考量，也就是选择走读学校。尽管这种决定并非基于教育方面的理由，不过，也不存在明显的认为它是错误的决定的理由，所以是能够接受的。

第十四章

大　学

　　我们在前面各章讨论了品性教育和知识教育，在一个拥有良好制度的社会里，这种教育应该面向所有孩子开放，并且事实上真正让一切孩子享有，除非有极为特殊的理由，比如发现了音乐天才（假如逼着莫扎特学习普通学校课程一直到 18岁，那将是一件极为不幸的事情）。不过我想，就算是在一个理想的社会，也会有很多的人不上大学。我确信，现在能受益于延长至 21 或 22 岁的学校教育的只有少数人。现在在老牌大学里的那些纨绔子弟，毫无疑问，能学有所成的很少，他们在大学里的收获不过是养成挥霍的习惯而已。所以，我们一定要追问，应该按照什么样的标准选出上大学的人。现在，能上大学的人通常都是那些家庭经济条件不错的人，虽然这种选择标准正在因为奖学金制度而有所变化。显然，选择的标准应该是教育上的而不是经济上的。那些年满 18 岁、接受过良好教育的男女青年，已具备了从事有用工作的能力。如果他们还准备再学习 3 到 4 年才工作，那么社会就有期望这几年得到了有效利用的权利。不过，在确定应该让什么人上大学之前，我们必须要了解一下大学在社会生活中的功用。

英国的大学经历了三个阶段，但是第二个阶段还没有被第三个阶段完全取代。一开始它们是神职人员的职业学院，在中世纪的时候，通常能够接受教育的只有神职人员。然后随着文艺复兴运动的开展，富人应该接受教育的观念深入人心，即使女性被认为用不着接受和男性一样多的教育。从 17 世纪直到 19 世纪，英国大学提供的都是"绅士教育"，而且牛津大学现在还在提供这种教育。考虑到我们在之前讨论过的那些原因，这种曾经十分有用的教育理想，现在已经是不合时宜的了。它对贵族政治十分依赖，在民主政治或工业财阀政治下，想兴盛起来是不可能的了。

如果还实行的是贵族政治，那么执政的人最好是受过"绅士教育"的人，然而还是不实行贵族政治更好。这个问题我无须讨论，因为在英国，它已经经由《改革法案》的通过和《谷物法》的废除而得到了解决。在美国，则是通过独立战争解决的。的确，英国现在还保存着贵族政治的形式，但是其精神已经是财阀政治，两者截然不同。那些发迹的商贾在附庸风雅的心态驱使下，将其子嗣送往牛津，盼望着他们的下一代变成"绅士"，结果却让他们的子女厌恶经商，家道中落后，又被迫自食其力。因此，"绅士教育"再也不是英国人生活的重要部分了，在考虑未来的教育时，可以将这一点忽略不计。

所以，大学正在恢复和它们在中世纪所占据的类似地位，它们正在成为职业学校。律师、牧师和医生一般都接受过大学教育，高级公务员也是一样。在各行各业的工程师和技术人员里面，拥有大学文凭的人也越来越多。随着世界变得越来越复杂，工业变得越来越科学，需要越来越多的专业人才，而这些人才大部分都是由大学培养输送的。老派人士不禁哀叹，纯粹学术的领地都被技术学校给侵占了，然而现在这种侵占势头正劲，因为这样的现象正是那些对"文化"不屑一顾的财阀所梦寐以求的。和崇尚民主的反叛者相比，这些财阀才是纯粹学术的真正敌人。"无用之学"和"为艺术而艺术"类似，是一种贵族式的，而非财阀式的理想。倘若说这种学术现在还有残迹可循，那么是因为文艺复兴的传统还没有彻底消亡。这一理想的式微让我深觉痛惜，纯粹学术是和贵族制有关的最好事物之一，但是贵族制的弊端实在太多了，所以轻易就将这一优点给掩盖了。总而言之，不管我们是否情愿，工业主义都一定会将贵族制消灭。所以，我们不如下定决心，尽量将那些可以归附到更有活力的新观念中的东西保住。死守传统，必然一败涂地。

如果大学还继续将纯粹学术作为目标之一，那么就一定和整个社会生活相联系，不能仅仅是少部分悠闲绅士的雅好之物。在我看来，不问利害的学术是非常重要的，并希望看见它在学院中的地位得到提高，而非日趋低下。在英国和美国，导致纯粹学术地位越来越低的主要力量，是那种想让那些无知的富豪捐款的愿望。相应的办法是，创造这样一种有教养的民主政治，它愿意把公共资金投入到我们的工业大亨们所理解不了的事业里去。这绝不是不可能完成的事，但是有一个实现的前提，那就是知识水平的普遍提升。学者的自然生计来源曾经主要靠的就是保护人的赞助，如果现在的学者可以让自己摆脱之前遗留下来的那种对富人的食客心态，这件事就更容易了。学术和学者当然可能放在一起来说，这里我举一个纯属想象的例子：一个学者通过教酿造技术而非有机化学，能够让自己的经济状况大为改善；他获得了收益，但是学术上却遭受了损失。如果这位学者对学术拥有更为真诚的爱，他在政治上就不会支持为设立关于酿造教授职位的酿造公司捐款。如果他对民主政体表示支持，民主政体将更愿意了解他学术研究的价值。鉴于以上所有的这些原因，我盼着看到学术团体都能依靠公共资金，而不是来自富人的捐款。美国的这种弊端比英国还要严重，但是它在英国是始终存在的，并有抬头的趋势。

将这些政治上的考量抛开不谈，我看大学存在的目的主要有两个：一是某些职业人才，一是追求和直接效用没有关系的学术研究。因此，我们在大学里希望看到两种人，一种是那些希望自己能够从事某项职业的人，一种是拥有特殊的才能、能够进行重要学术研究的人。然而，只是这些还不能决定我们怎样为各行各业选取人才。

眼下，一个人如果没有富裕的家境，是很难涉足医药或法律这样的行业的，因为学费非常贵，而且是无法立即开始挣钱的。结果，群体的和世袭的，而非适合工作与否成为了这些行业的人才选择标准。以医药行业为例子，一个希望有效实施医疗的社会，会选择那些在这方面踌躇满志而且拥有出众才能的年轻人接受医学训练。目前，这一标准只能用在少数人，也就是能够承担得起学费的那些人中选取人才，然而很有可能有很多能够成为最优秀医生的人，因为太穷而读不起医学学校。这种对才能的浪费不禁令人扼腕叹息。让我们再举一个不一样的例子。英国是一个人口非常稠密的国家，大部分食品都是需要进口的。综合各方面的因素看，特别是将战时的食品安全考虑进来，提高粮食的自给率是一件利国利民的事。但是人们在有效耕种我们极为有限的土地上没有采取任何的措施。农民一般都是通过世袭来选定的：他们往往都是子承父业的。还有一些人买下了农场，他们有的是资金，但是不一定具备什么农业技能。众所周知，丹麦的农业技术要比我们更高效，然而我们没有采取一点措施来让农民获得这些技术。我们应该这样推行：只要是获准耕作较大面积土地的人，都需要持有科学农业方面的证书，这就和我们要求司机要持有执照一样。政治上的世袭原则已经被废除了，但它在别的生活领域还有广泛残留，它在哪里，哪里就会效率低下，从前它就是这样对公共事务掣肘的。我们一定要用两条关系密切的规则来将世袭原则取代：其一，那些缺乏必要技能的人，一律不得从事相关重要的工作；其二，技能教育应该将受教者的志向和才能考虑进来，而应该和家庭贫富没有关系。显而易见，这两条规则可以让效率得到极大的提升。

所以，大学教育应该被视为有专长者的特权，那些有才能但是无财力的人应该获得公共支出，好能够上学。不应该录取那些能力测试不合格的人，不容许那些没有好好利用上学时间而成绩不合格的人继续留校学习。这种观念——觉得大学是富家子弟厮混三四年的休闲场所——正在消失，然而这就和查理二世的死一样，距离新观念的确立，还将有一段漫长的时间。

在我说大学里的年轻人不许懈怠时，一定要马上加上一条：对学业的测试，一定不要机械地照章办事。英国和美国那些新成立的大学，往往要求学生参加数不胜数的讲座，这实在令人遗憾。对蒙台梭利学校中的幼儿而言，还有充足的理由支持他们独立活动，20岁的年轻人就更应该是这样。特别是像我们所假定的，当他们是踌躇满志、拥有出众的才能的人时。我在读本科的时候，我大部分朋友都觉得那些讲座纯粹是在浪费时间。我这么说固然有些夸张，但是其实也是八九不离十的。之所以举办讲座，真正原因是它们是面子上好看的工作，所以商人们愿意为这个给学校掏钱。如果大学教师都采用了最出色的教学方法，那么商人们就会觉得他们无所事事，进而要求学校进行裁员。牛津和剑桥因为自身声名显赫，还能在一定的程度上推行正确的教学方法，然而英国那些新成立的大学就不能和捐款的商人叫板了，美国的大学大部分也是这样。在学期一开始的时候，教师应该为学生们开列一个精读书目；有些书籍是有些人喜欢，而有些人不喜欢的，也要作简单的介绍。试卷由教师设计，学生不理解书里的重点，是无法答出试卷的。学生考完试以后，教师应该单独地和学生见面。教师应该每周或者每两周抽出一个晚上，见见那些希望见他的学生，和他们随意地谈谈关于学业的问题。所有的这些做法和老牌大学的做法并没有什么差别。如果学生选择自己出一张试卷，和教师出的试卷不一样，但是难度是一样的，那么也可以允许他这么做。通过学生自己出的试卷，能够对他们的勤奋程度有一个判断。

不过，还有一点非常重要。任何一位大学教师都应该有自己的研究，并且应该有充裕的精力和时间，对各国关于本学科的最新研究进展进行了解。在大学里教书，教学技巧没有那么的重要，对本学科的知识和科研动态的敏锐把握才是更加重要的。被教学活动累得精疲力竭的人，是无法做到这些的。他极有可能开始厌恶本学科，而他的知识几乎一定会全都局限在年轻时所学的东西的小圈子里。所有的大学教师都应该拥有休假年（每7年一次），好让他们可以前往国外的大学访学，或者通过别的方式来了解国外的最新研究。在美国这是非常常见的，但是欧洲诸国在知识上过于自矜，并不承认这样做是必不可少的。可以说他们在这一点上犯了大错。我在剑桥大学就读时那些数学教师对此前二三十年欧洲大陆的数学发展基本一无所知；整个本科期间，我都从来没有听说过魏尔斯特拉斯其人。等到后来出国旅行，我才和现代的数学家们产生了联系。这并不是说一个罕见或例外的事情，类似的现象出现在不同时期的不同大学当中。

在大学里，注重教学的人与注重研究的人是存在某种对立的。这基本可以彻底归咎于两个原因：第一是教学的错误观念；二是有不少勤奋和能力都不怎样的学生，却堂而皇之地留在学校里继续学习。大学里仍然某种程度残留着旧式教师的观念。这种教师企图用良好的道德影响施加在学生身上，并想要以没有什么用的旧知识训练他们，人们已经了解了这些知识多半是错误的，却又觉得它们在道德上具有启发的作用。学生不应该有人督促他们了才去学习，如果发现他们在浪费时间，都应予以劝退，无论是因为懒惰还是因为无能。品德里唯一能够得益于逼迫的，就是努力的品德，别的品德全都是在人生的早期培养的。要逼着学生拥有努力的品德，就得将那些不具有这种品德的人送走，因为他们显然还是去做别的事情更好。不应该要求一个教师大部分时间都用在教学上，他应该有大量的闲暇时间进行研究，不过应该要求这种闲暇得到了他的合理利用。

如果对大学在人类生活中的功能进行考察，就能发现研究至少和教育是一样的重要。新知识是获得进步的主要原因，如果没有新知识，世界的发展很快就会陷入停滞。通过传播和广泛应用现有的知识，世界也能暂时继续进步，但是这种靠其自身的进步想持续下去是很难的，甚至对知识的追求也是不能自我持续的。如果追求的知识是功利性的，功利性知识需要通过非功利的研究才会发挥效用，后者的动机只在于希望对世界有更好的理解。所有伟大的进步，在一开始都是纯粹理论上的，之后才发现，这种理论知识能够获得非常实际的应用。哪怕某一个非凡的理论从来没有过任何的实际用途，它还是具有自身价值的，因为对世界的理解是终极善之一。如果有那么一天，科学和组织成功地让各种身体的需求都得到了满足，并将残忍和战争彻底消灭，到了那时，对知识和美的追求还会践行我们对发奋创造的热爱。我不希望一个画家、诗人、作曲家或数学家，一门心思研究他的活动在实践领域具有的某种渺远影响。还不如说他应该专注于追求一种想象，将一开始只是转瞬间所依稀瞥见的那个东西抓住，并让它长存于心，他对这种想象是如此炽热地热爱，以至现实世界里所有的快乐在这里都黯然失色、相形见绌。一切伟大的艺术和伟大的科学，都是来自于这样一种热烈的渴望，即人们要将那种最初虚无缥缈的幻象，那种动人心魄的美具体地表现出来，它诱使人们将安全而舒适的生活舍弃，为一种崇高的痛苦献身。怀有这种激情的人绝对不会陷入功利主义哲学的桎梏，因为所有人类伟大的事物，皆发源自这种激情。

第十五章

结 论

最后在旅程的终点，我们来回顾一下走过的路，以便可以对我们所穿行的这个领域来一次鸟瞰。

教育者所需要的是为爱所支配的知识，这种知识同时也是学生应该掌握的。在早些年，教师对学生的爱是最重要的；到了后来，学生对教师所教知识的爱的必要性越来越高。生理学、卫生学和心理学知识是最初的重要知识，最后一种知识对教师来说尤为重要。孩子与生俱来的本能和反射，在环境的影响下能够发展成各种各样的习惯，进一步发展成各种各样的品性。这些基本都是发生在婴幼儿时期，所以，这一时期是我们尝试对孩子品性培养最理想的阶段。那些喜欢已有的恶行劣迹的人喜欢说人性是无法改变的。如果他们指的是人性在6岁以后无法改变，那么这还算有一定的道理。如果他们是在说改变婴儿天生的本能和反射都让人们束手无策，那么这也是道出了一点事实，尽管优生学在这方面已经取得并还将继续获得显著的成果。不过如果他们的意思是说（正如他们经常觉得的那样）培养出品行上与现有人群完全不一样的成年人群体是不可能的，那么他们就是公然地违背了所有的现代心理学。假设有两个天性完全一样的婴儿，可能早期环境的不同会让他们变成性情迥异的成年人。早期教育的任务是对各种本能进行训练，让它们产生一种和谐的品性，这种品性是建设性的，而不是破坏性的，是热情的，而不是忧郁的，是坦率、理智和勇敢的。绝大部分儿童都可以取得这些结果，这在那些儿童能够获得正确培养的地方已经变成了现实。假如现有的知识能够得到充分的利用，经过试验的方法能够得到切实的推行，我们就可以在一代人之内，造就一个基本彻底远离疾病、恶意和愚昧的群体。我们之所以没有这样做，是因为压迫和战争更投我们所好。

在大多数的情况下，原生的本能既可以产生良好的行为，也可以导致恶劣的行为。在过去，人们不了解对本能进行训练，所以不得不诉诸压制。惩罚和恐惧曾是让所谓的美德得以实现的巨大推动力。现在我们知道了，压制这种方法十分的糟糕，一则因为它从来没有获得真正的成功，二则因为它导致精神混乱。训练本能则是一种完全不一样的方法，包括完全不一样的技巧。实际上习惯和技能就像引导本能的通道，按照通道的不同方向能够将本能导向不同的路径。培养正确的习惯和技能能够让孩子的本能自己将良好的行为激发出来。孩子不会产生压迫感，因为不用抵抗诱惑。孩子也不会遇到阻碍，所以会觉得无拘无束、自由自在。我的意思并不是这些说法是绝对正确的，我们总会遇到一些意外的情况，到了那时可能还有必要采用旧的方法。然而儿童心理学这一门科学越完善，幼儿园给予我们的经验越丰富，应用新方法也就会越圆满。

我已经试着向读者描述过美妙的前景，目前这些前景已经在我们的面前展现开来。想一下这都意味着什么吧：自由、健康、仁慈、快乐、理智，并且基本所有的孩子都可以这样。只要我们自己愿意，就可以在一代人之内建设一个理想世界。

然而如果缺少了爱，这一切都将化为泡影。已经有知识了，然而缺乏爱妨碍了知识的应用。有时候人们的漠不关心儿童，让我接近绝望，比如在我发现我们那些德高望重的领导者在预防染上性病的孩子出生这件事上基本不打算采取任何措施时。不过人们对孩子的关爱正越来越多，无疑，这种关爱是我们的本能冲动之一。长达数个世纪的暴虐专制，将常人性情中自然具有的仁厚之心压制了下去。直到最近，有很多基督徒才停止教人们诅咒那些没有受洗的婴儿。民族主义是泯灭人道的另一种信条，欧战期间，我们让基本是全部的德国儿童都饱受佝偻病的折磨。我们一定要将我们本性中的善意释放出来，如果哪种信条要求我们让儿童蒙难受苦，那我们就拒绝它吧——无论它对我们有多么的重要。在差不多所有的情形里，残忍信条的心理根源都指向了恐惧，这也是我多次强调要将童年时期恐惧消除的原因之一。我们要将自己心灵阴暗处隐藏的恐惧彻底根除。现代教育所开启的幸福世界的前景，值得我们冒一些个人的风险，即使这种风险要比原来设想的更加严重。

如果我们勉力培养的年轻人可以远离恐惧和束缚，并可以避免叛逆或受压抑的天性，我们就能够将知识世界自由、彻底且毫无隐瞒地展现给他们，并且如果施行明智的教育，对受教者而言，这样的教育就是一桩乐事，而不是一项任务。向职业阶层的孩子们传授比目前一般所教的内容更多的知识并不是重要的，重要的是冒险和自由的精神，一种时刻准备踏上发现之旅的意识。如果正式教育的实施能够秉承这种精神，每个比较聪明的学生都会通过自己的努力，让自己获得更多知识，更加充实，而人们应该尽量为这种努力提供机会。知识让我们挣脱了自然力和破坏性激情的支配，如果没有知识，我们期盼的理想世界就建不成。在没有任何恐惧的自由氛围中接受教育的一代人，将会拥有比我们广博、无畏的愿望，因为我们还需要和那些埋伏在潜意识里的、因迷信而产生的恐惧进行斗争。不是我们，而是我们所要创造的自由儿女，一定会看到那个新世界，先是出现在他们的梦想里，最后则是出现在光辉灿烂的现实当中。前进的道路一目了然。我们对子女的爱，是否足够让我们选择这条路？或者我们还是让他们去遭受我们曾经遭过的罪？我们是不是应该让他们在年轻的时候遭遇扭曲、压制、恐吓，然后让他们在理智过于纤弱而未能避免的无谓战争里送了命？幸福和自由之路被从古至今绵延不休的无数恐惧所阻隔，但是爱可以战胜恐惧，只要我们爱自己的孩子，将这份美妙的礼物赠给孩子就是我们力所能及的事，无论任何东西都无法阻止我们这样做。